Mit Orchideen wohnen

von
Brigitte Goede

Für Bernd und Joana

Mit Orchideen wohnen

Praxistips zur Orchideenpflege

von
Brigitte Goede

 Landbuch Verlag

Hinweis

Alle in diesem Buch enthaltenen Angaben, Daten, Ergebnisse etc. wurden von der Autorin nach bestem Wissen erstellt und von ihr und dem Verlag mit größtmöglicher Sorgfalt überprüft. Eine Verantwortung und Haftung für etwaige inhaltliche Unrichtigkeiten kann jedoch nicht übernommen werden. Der Haftungsausschluß gilt nicht, soweit nach dem Produkthaftungsgesetz für Personen- und Sachschäden gehaftet wird.

Jeder Leser muß beim Umgang mit den genannten Lebewesen, Stoffen, Materialien, Geräten usw. Vorsicht walten lassen, Ratschläge erfahrener Fachleute bzw. Gebrauchsanweisungen und Herstellerhinweise beachten sowie den Zugang für Unbefugte verhindern.

Wer sich direkt mit den hier vorgestellten Lebewesen beschäftigen will, muß dabei das Washingtoner Artenschutzübereinkommen, die Bundesartenschutzverordnung sowie verwandte Gesetze, Verordnungen usw. beachten. Verbindliche Auskunft erteilen die Naturschutzbehörden.

Bildnachweis: Alle Fotos von der Verfasserin.

Lektorat: Dr. Helge Mücke, Hannover
Gesamtherstellung: Landbuch-Verlag GmbH, Hannover

ISBN 3 7842 0525 9

Inhalt

Vorwort

Meine Aufzeichnungen sind aus der Praxis der Orchideenhaltung eines „gewächshauslosen" Amateurs heraus geschrieben und für die Praxis eines Anfängers bestimmt. Aus diesem Grund ist einzig und alleine die Fensterbankperspektive in den Blick genommen.

Seit 11 Jahren wohne ich zwischen Orchideen und habe zahlreiche Pleiten und Pannen mit ihnen erlitten. Aber gerade die Pleiten und Pannen sind oft sehr lehrreich. Daneben standen die unzähligen Erfolgserlebnisse, wie besonders lange Blütezeiten, wunderbarer Duft und vor allem die Erfahrung, daß es immer wieder gelingt, auch solche zum Blühen zu bringen, die als kompliziert gelten. Ich habe viel gelesen und Fachleute in Orchideenzentren ausgefragt. In den letzten Jahren habe ich über das Thema „Orchideen auf der Fensterbank" auch an der Volkshochschule unterrichtet und zahlreiche Diavorträge über Orchideen gehalten. Auch von dort her habe ich einen weiteren, sehr vielfältigen Einblick in Anfängerprobleme, nun einmal von anderer Seite bekommen. Bis jetzt ist mir die Erinnerung frisch geblieben, wie viele Orchideen ich im Laufe meiner Anfängerzeit totgegossen und totgedüngt habe. Hin und wieder geht auch jetzt noch die eine oder andere Orchidee ein. Aber der Unterschied zu früher liegt darin, daß ich nun weiß, warum! All dies hat dazu beigetragen, daß dieses Buch so geworden ist, wie es ist. Besonders viele eigene Erfahrungen sind in das ausführliche Kapitel mit den Kulturtips eingegangen, denn ich habe 11 Jahre lang über meine Orchideen gewissenhaft Buch geführt.

Auf Informationen über die Herkunftsländer der Orchideen und einen geschichtlichen Rückblick habe ich verzichtet, da der Anfänger das ausklammern kann.

Aus demselben Grund lasse ich auch bewußt „Rezepte" für Substratmischungen aus, da der Anfänger ohnehin besser daran tut, Substrat im Fachhandel zu erwerben, anstatt selber zu mischen.

Ständig erfährt und erprobt der Orchideenliebhaber Neues. Sein Wissensstand über seine Orchideen verändert sich andauernd. Man müßte so ein Buch eigentlich ständig ergänzen und überarbeiten können.

Den Hinweis auf das Wichtigste in der Orchideenpflege aber möchte ich diesem Buch voranstellen: Das ist die Liebe zu und die Freude an Orchideen.

Ohne diese wird man bei seinen Orchideen „auf keinen grünen Zweig kommen". Die Bewunderung ihrer Schönheit und Artenvielfalt trägt sicherlich auch zu ihrem Gedeihen bei. Wer eine verblühte *Phalaenopsis* häßlich findet, wird sie kaum auf Dauer kultivieren können.

Orchideen, davon bin ich überzeugt, spüren eine ganze Menge.

Und eigentlich ist es auch ganz einfach mit den Orchideen. Viele Menschen pflegen ihre Orchideen intuitiv richtig, ohne sich vorher je über sie informiert zu haben. Außerdem gilt: Wo sich der Mensch wohl fühlt, fühlen sich auch die Orchideen wohl. Das macht das Miteinander so unkompliziert, das „Wohnen mit Orchideen".

Meinen Dank aussprechen möchte ich im Zusammenhang dieses Buches dem Team der Schwerter Orchideenzucht für die unermüdliche Beantwortung meiner vielen Fragen, für die man sich dort im Laufe der Jahre immer Zeit genommen hat. Insbesondere danke ich auch Guido Schöttler für die sachliche und fachliche Beratung und Überarbeitung.

Manfred Wolff hat sich die Zeit genommen, das Manuskript von der fachlichen Seite noch einmal gründlich durchzuarbeiten – auch ihm herzlichen Dank. Bedanken möchte ich mich außerdem bei Jörg Frehsonke, der viele der im Buch genannten Orchideenhybriden in der Sander's List für mich überprüft hat.

Brigitte Goede

Varel, im Frühjahr 1996

Wo es grünt und blüht, kann man besser arbeiten. An diesem Schreibtisch entstand das vorliegende Orchideenbuch.

Häufige Fragen und Vorurteile rund um die Orchidee

Sind Orchideen schwierig zu halten?

Nein, sie sind nicht schwieriger zu halten als andere beliebte Blütenpflanzen. Wie jede Pflanze, benötigt auch eine Orchidee das rechte Maß an Wasser, Dünger, Luft und Licht. Wer jedoch regelmäßig Usambaraveilchen totgießt, wird auch mit Orchideen kein Glück haben. Generell gilt jedoch: wer drinnen oder draußen Blütenpflanzen halten kann, lernt auch leicht mit Orchideen umzugehen.

Sind Orchideen nicht furchtbar teuer?

Heute nicht mehr. Früher waren Orchideen einmal das Hobby der Reichen, aber heutzutage liegen sie in der Reichweite eines jeden Einkommens. Moderne Zuchtverfahren machen es auch Laien möglich, sich Orchideen zu vertretbaren Preisen zu leisten. Man kann so wenig, wie man will, für die Anschaffung einer Orchidee ausgeben, aber natürlich auch ein ganzes Vermögen für Orchideen bezahlen.

Aus meiner Sicht betrachtet, ist allerdings das Halten von nur einer Orchidee in etwa so genußvoll, als würde man versuchen, nur eine einzige Erdnuß zu essen!

Sind nicht alle Orchideen gleich?

Ganz im Gegenteil. Keine Pflanzenfamilie ist unterschiedlicher als Orchideen. Nebenbei gesagt, sind die Orchideen die größte Blütenpflanzenfamilie, und sie haben alle möglichen Nischen der unterschiedlichsten Lebensräume besetzt. Von der fingerhutgroßen *Mystacidium caffrum* bis zur mehreren Meter hohen *Renanthera storei* oder der leicht 10 m langen *Vanilla planifolia* haben Orchideen die erstaunlichsten und unterschiedlichsten Formen, Größen und Wachstumsgewohnheiten. Manche Orchideenblüten ahmen das Aussehen von Tieren nach. Sie erinnern an Kolibris, Hummeln, Tausendfüßler oder Schmetterlinge.

Manche Orchideen bringen Blüten hervor, die nicht größer sind als eine Mücke. Andere Orchideenblüten erreichen das ansehnliche Maß eines Kuchentellers.

Durch die modernen Zuchtverfahren werden die Formen und Farben der in der Natur vorkommenden Orchideen vielfach multipliziert.

Sind Orchideen nicht Schmarotzer?

Nein, in der Regel nicht. Von den schätzungsweise 25000 Naturformen an Orchideen leben nur wenige Formen als Parasit. Allerdings leben viele Orchideen epiphytisch, d. h. sie sitzen auf Bäumen und Büschen. Bei dieser Art zu leben schädigen sie aber die Pflanze, auf der sie sitzen, nicht. Orchideen, die so leben, nennt man Epiphyten.

Sind nicht alle Orchideen tropische Pflanzen?

Viele Arten stammen tatsächlich aus den Tropen. In Äquatornähe findet sich auch die größte Vielfalt an Orchideenarten und -gattungen. Abgesehen von den Regionen um die beiden Pole herum gibt es Orchideen aber auch in allen Ländern der Erde. Sogar bis hinauf nach Alaska gibt es Orchideen.

Es ist klar, daß eine Orchidee, die in Alaska heimisch ist, anders gepflegt werden muß als eine aus dem tropischen Borneo.

Braucht man ein Gewächshaus, um Orchideen zu halten?

Nein, obwohl es natürlich auch solche Arten gibt, die man nur im Gewächshaus halten kann. Aber insgesamt läßt sich sagen, daß man viel mehr Arten und Hybriden für eine Fensterbankkultur zur Verfügung hat, als man in einem Wohnhaus unterbringen könnte. Es gibt auch zahlreiche Arten, die hervorragend in Kellern unter Kunstlicht gedeihen. Einige

Formen mit niedrigen Temperaturansprüchen können sogar draußen im Garten gehalten werden. Wenn man sich eine Orchidee zum Kauf aussucht, sollte man sich vorher erkundigen, ob sie für die Bedingungen geeignet ist, die man ihr zu Hause ohne größeren Aufwand bieten kann.

Können Orchideen Zugluft vertragen?

Nein, Zugluft im strengen Sinne nicht. Allerdings brauchen Orchideen zu ihrem guten Gedeihen eine gewisse Luftbewegung. Sie gedeihen am besten bei einer leichten, ständigen Brise von Frischluft, wie sie eben draußen an ihrem ursprünglichen Standort vorkommt.

Natürlich sollte man Orchideen nicht gerade direkt unter einer Klimaanlage oder vor einer Heizung aufstellen.

Kann man nicht einfach Orchideen in normale Blumenerde pflanzen?

Auf keinen Fall! Die meisten Orchideen würden von den Wurzeln her ersticken. In Orchideenzentren und manchmal auch in Gärtnereien kann man spezielle Orchideenerde kaufen. Sie ist teurer als einfache Blumenerde, ist aber zum Überleben einer Orchidee absolut notwendig.

Sind Orchideen kurzlebige Pflanzen?

Die meisten sind ausgesprochen langlebig, vorausgesetzt natürlich, man bietet ihnen eine artgerechte Pflege. Die Nachkommen von im 19. Jahrhundert entdeckten Pflanzen wachsen und blühen noch heute. Auch sind im Handel erhältliche Pflanzen bereits 5 bis 15 Jahre alt, bevor sie zum ersten Mal blühen.

Wie oft blühen Orchideen?

Das hängt von der Art oder Gattung der Pflanze und von ihrem Gesundheitszustand ab. Manche blühen nur einmal im Jahr, andere blühen kontinuierlich über mehrere Jahre lang.

Wie lange halten Orchideenblüten an der Pflanze?

Auch das ist abhängig von Art und Hybride. Bei manchen Cattleyas und manchen Dendrobien halten die Blüten auch bei optimaler Haltung nur 1 bis 2 Wochen. Bei manchen Paphiopedilen oder Phalaenopsis dauert eine Blühperiode mehrere Monate bis hin zu zwei Jahren!

Duften alle Orchideen?

Es gibt viele Orchideen, die duften, aber auch viele, die völlig geruchlos sind. Manche duften so stark, daß davon ein ganzes Gewächshaus oder Wohnzimmer erfüllt wird. Andere duften nur so zart, daß man den Duft bloß in ihrer unmittelbaren Nähe wahrnehmen kann. Einige wenige Orchideen duften nur nachts.

Viele Duftnoten der Orchideen entziehen sich einer jeglichen Beschreibung, aber bei einigen wird man unwillkürlich an manche unserer Nase bekannten Gerüche erinnert: an Maiglöckchen, Primeln, Zimt, Zitrone, Kokosnuß, Flieder und Himbeere.

Die verschiedenen Düfte erfüllen denselben Zweck wie auffällige Blütenformen oder -farben: Sie sind dazu da, Insekten oder Vögel zur Bestäubung anzulocken und dienen somit der Erhaltung der Art.

Kann man Orchideen auch hin und wieder umstellen?

In der Regel ja. Die Meinungen der Orchideenzüchter gehen da etwas auseinander. Die einen sagen, man könnte die Orchideen ohne negative Folgen umstellen. Das entspricht auch meinen eigenen Erfahrungen. Andere warnen davor und sagen, daß eine Orchidee zwei Jahre braucht, um sich an ihren Standort zu gewöhnen, und daß die Pflanze im Wachstum gehindert wird, wenn sie sich immer wieder durch Umstellen anders zum Licht hin orientieren muß. Das gilt insbesondere für die Blütenstiele.

Das Problem liegt offenbar nicht beim Umstellen selbst, sondern in der Veränderung des „Kulturraums"; man müßte also beim Umstellen wenigstens für gleiche Bedingungen sorgen.

Leiden Orchideen nicht zwangsläufig, wenn man sie im Auto oder auf andere Weise transportiert?

Nein, vorausgesetzt, man sorgt dabei für einen Stand- oder Liegeplatz, an dem die Pflanze während der Fahrt nicht umfällt. Die Tatsache, daß Orchideen auch in

Paketen verschickt werden können, spricht für ihre relative Robustheit. Die erste *Cattleya* erreichte Europa auf dem Schiffsweg und überdauerte die Reise als Verpackungsmaterial, ohne Wasser!

Auch sollte die Pflanze nicht zu dicht an anderen Pflanzen stehen, da sonst Reibeschäden entstehen können, oder es brechen Knospen oder Blüten ab. Man sollte beim Transport von Orchideen seinen gesunden Menschenverstand benutzen und sie nicht längere Zeit im Winter im eiskalten Auto stehen lassen und im Sommer nicht stundenlang der Sonne ausgesetzt bei hohen Temperaturen.

Wie kann man Orchideen halten und gleichzeitig mithelfen, das natürliche Vorkommen wildwachsender Orchideen zu erhalten?

• Es ist verboten, wildwachsende Orchideen aus der Natur zu entnehmen. Daran sollte man sich unter allen Umständen halten!

• Man sollte nur vom Züchter vermehrte Orchideen kaufen.

• Man kann bei vielen Arten die eigenen Orchideen vegetativ vermehren und an andere Liebhaber weitergeben.

Leider werden ganze Spezies von Orchideen schneller ausgelöscht, als sie beschrieben und klassifiziert werden können. Bedrohungen ganzer Arten ergeben sich aus dem Verlust ihrer ursprünglichen Lebensräume und der noch immer verbreiteten Entnahme von Orchideen aus der Natur. Man kann durchaus von Raubbau sprechen. So wurden zum Beispiel in Florida heimische Arten derartig systematisch abgesammelt, daß dort die Naturschützer in den Everglades die nun selten gewordenen Exemplare an den Bäumen verankern, um sie vor Diebstahl zu sichern.

Man muß sich aber darüber im klaren sein, daß in der Regel nicht die Orchideenfreunde für den Artenschwund verantwortlich sind, sondern die eigentliche Ursache in der weltweiten Umweltzerstörung liegt – erst, wenn in einem stark gestörten und eingeschränkten Lebensraum nur noch wenige Exemplare vorkommen, ist das Absammeln von schwerwiegender Bedeutung.

Muß man Orchideen nicht immer schön gleichmäßig feucht halten?

Im Gegenteil, die meisten Orchideen benötigen nach jedem Gießen erst ein Abtrocknen des Substrates, genau wie sie es in der Natur zwischen einzelnen Regengüssen oder sogar in längeren Trockenperioden gewöhnt sind.

In Gebieten wie Florida können die Leute ihre Orchideen im Garten halten und teilweise ganz auf das Gießen verzichten, weil die relative Luftfeuchtigkeit immer über 90 % beträgt.

Wo wachsen die Orchideen?

Orchideen findet man zwischen Skandinavien und Feuerland in fast allen Ländern der Erde. Sie wachsen also in recht unterschiedlichen Temperaturbereichen.

Das bedeutet, daß es Orchideen für jeden beliebigen **Temperaturbereich** innerhalb eines Hauses gibt. Für die Haltung von Orchideen auf der Fensterbank folgt daraus, daß man sich zu jeglicher Ausrichtung seiner Fensterbänke in beheizten und unbeheizten, ja sogar dunklen oder hellen Zimmern die dazu passenden Orchideen aussuchen kann, vorausgesetzt, man kennt die natürlichen Temperaturansprüche oder kann sie nachlesen.

Für die Kultur der Orchideen zu Hause in einem Topf auf der Fensterbank muß man sich vor Augen führen, daß dies selbstverständlich nicht den natürlichen Wachstumsbedingungen der Orchideen entspricht. Man muß sich also nicht nur fragen, bei welcher Temperatur eine Orchideenart wächst, sondern auch, an welchen **Stellen** Orchideen in der Natur wachsen. Von diesen natürlichen Ursprungsbedingungen kann man u. a. so auch Rückschlüsse auf das geeignete Substrat ziehen.

Eine Orchidee, die von Natur aus auf Bäumen wächst, benötigt einen anderen Pflanzstoff, als eine Orchidee, die auf Wiesen wächst.

Man kann die Orchideen in zwei Großgruppen einteilen, je nachdem, wo sie wachsen: in **terrestrische** und **epiphytische** Orchideen.

Die **terrestrischen (= auf und in der Erde** wachsenden) Orchideen unterteilen sich wie folgt:

- auf **Wiesen:** *Cypripedium, Orchis;*
- auf **Felsen (lithophytisch):** *Cattleya elongata;*
- in **Wäldern:** *Goodyera;*
- in **Sümpfen:** seltener, manche Epidendren, *Epipactis palustris;*
- auf **Dünen:** seltener Fall, z. B. 1 *Epipactis*-Art;

- **knollenartige halb in der Erde:** *Pleione, Bletilla.*

Es gibt aber auch **unterirdisch wachsende** Arten, z. B. *Rhizantella.*

Die überwiegende Anzahl an Orchideen sind jedoch die **epiphytisch** (epi = auf, phytein = wachsen), **auf Pflanzen** – d. h., in der Regel auf Bäumen – aufsitzenden Orchideen, wie z. B. viele Laelien und *Phalaenopsis.*

Die meisten in unseren Blumengeschäften oder Orchideenzentren zu kaufenden Orchideenarten lassen sich nach ihren ursprünglichen Herkunftsländern folgenden **Klimazonen** zuordnen:

Orchideen, die in **Nebelwäldern** wachsen, also in höher gelegenen Gebieten, in denen ständig Wolken die Pflanzen umhüllen. Dort ist das Klima äußerst feucht, und es gibt starke Absenkungen der Nachttemperaturen. Hier wachsen zum Beispiel manche Miltonien.

In **Regenwäldern** dagegen herrscht ein feuchtwarmes Klima, bei dem die Nachttemperaturen nur wenig niedriger als die Tagestemperaturen liegen (Warmhausorchideen, z. B. *Phalaenopsis*, die allerdings auch unter temperierten Bedingungen gut gedeihen).

Auf **Hochebenen** gibt es ganz extreme Temperaturschwankungen, die wir in unserem Wohnbereich nur bieten können, wenn wir dort beheimatete Pflanzen den Sommer über nach draußen stellen – ein Weg, gewissermaßen die Ursprungsbedingungen zu kopieren. Auf Hochebenen wächst z. B. *Cattleya elongata.*

Für die Haltung von Orchideen ist es also äußerst nützlich, wenn man die **ursprünglichen Herkunftsländer** und dortigen **Wachstumsbedingungen** seiner Orchideen kennt, um diese zu Hause, so gut es geht, zu **imitieren.**

Nur dann erreicht man eine über Jahre hinaus erfolgreiche Kultur und Blüte seiner Orchideen.

Woran erkennt man den Triebbeginn / die Wachstumsphase?

Für den richtigen Einsatz von Dünger und, um den richtigen Zeitpunkt zum Umtopfen abzupassen, empfiehlt es sich, seine Pflanzen genau zu beobachten. Man wird schnell feststellen, daß alle Orchideen gewisse Wachstums- und Ruhephasen haben, bei der einen Gattung mal mehr, bei einer anderen mal weniger ausgeprägt.

Düngen und umtopfen sollte man Orchideen nur zur Wachstumsphase (Ausnahme: z. B. Umtopfen von Calanthen). Aber woran erkennt man die Wachstumsphase? Hier einige Kriterien zur Unterscheidung:

- am Austrieb von **neuen Wurzeln** (grün/rot/grau);
- an dem Erscheinen eines neuen Herzblattes bei monopodialen Orchideen;
- an neu einsetzender **Bulbenbildung** unten am Trieb des Vorjahres (z. B. Cymbidien).

Eine Pflanze in der Wachstumsphase wirkt insgesamt **kräftiger,** sieht gesunder aus *(Phalaenopsis).* Selbst in der Ruhezeit eingeschrumpfte **Bulben werden** jetzt wieder **prall** (z. B. *Dendrobium nobile, Coelogyne cristata).*

Gießen

Das Gießen ist der Punkt, an dem man bei Orchideen am meisten falsch machen kann. Zunächst sollte man nur handwarmes bis zimmerwarmes Wasser nehmen. Es sollte eine Härte von 5 bis 6 haben (beim örtlich zuständigen Wasserwerk nachfragen). Bis in den Härtebereich 10 wird Wasser von Orchideen vertragen. Ein pH-Wert von 5 bis 6 ist wünschenswert, muß aber vom Anfänger nicht zusätzlich überprüft werden. Auch ein Regenwassergemisch 1:1 mit Leitungswasser ist möglich. Reines Regenwasser würde ich heute nicht mehr uneingeschränkt empfehlen, da es nicht nur in Industriegebieten stark verunreinigt sein kann. Auf jeden Fall sollte das Wasser so kalkarm wie möglich sein (Ausnahme: Paphiopedilen vertragen entschieden härteres Wasser als andere Orchideen). Wer in Gebieten mit sehr hartem Wasser lebt, sollte entweder sich nur auf Paphiopedilen spezialisieren oder aber, bei Haltung anderer Orchideen, größere Mengen Wasser auf einer Heizung oder an einem möglichst warmen Ort über Nacht stehen lassen, damit sich der Kalk am Boden absetzt. Es gibt auch spezielle Filtersysteme, die das Wasser entkalken.

Wie oft sollte gegossen werden?

Eine Faustregel lautet: immer, wenn das Substrat abgetrocknet ist. Das ist dann der Fall, wenn sich beim Anheben der **Pflanztopf** mit der Orchidee **leicht anfühlt** (Grobe Regel: ca. 1× die Woche reicht zumeist aus. Bei Standort auf der Heizung oder im Hochsommer bei hohen Außentemperaturen auch öfter als einmal die Woche). Eine andere Möglichkeit ist auch, einfach einen **Holzstab ins Substrat zu stecken** (aber bitte immer an dieselbe Stelle und sehr vorsichtig, damit keine Wurzeln verletzt werden können). Fühlt man dann noch Feuchtigkeit, sollte man auf jeden Fall nicht gießen. Wenn nur die Oberfläche des Substrates abgetrocknet ist, besagt das noch gar nichts. Sie trocknet sehr schnell ab, und das Substrat darunter kann trotzdem noch völlig naß sein.

Gießen alleine reicht auf die Dauer bei Orchideen nicht aus. Immer wieder kann es zum Absinken der Luftfeuchtigkeit kommen.

Darum sollten alle Orchideen (von Frühjahr bis Herbst) täglich einmal kurz mit handwarmem Wasser **übersprühnebelt** werden (es dürfen sich auf den Blättern keine Tropfen, sondern nur leichter Nebel niederschlagen). Dies beugt Schädlingsbefall vor, steigert die Luftfeuchtigkeit um 30 % und tut der Pflanze selber sehr gut, da sie auch über die Blätter das Wasser gut aufnehmen kann. Vorsicht allerdings beim Sprühen. Es darf kein Wasser in den Herzblättern und Blattachseln stehen bleiben, da sonst Blätter oder Blütenstengel abfaulen können.

Wie gießt man Orchideen?

Dazu gibt es verschiedene Möglichkeiten: Die meiner Erfahrung nach beste Möglichkeit ist – gute Wasserqualität vorausgesetzt –, das Substrat unter dem Wasserkran mit Wasser zu **überfluten.** (Sehr gut vor allem bei Pflanzen in schnell abtrocknenden Rindensubstraten!) Dabei entnimmt man die Pflanze ihrem Übertopf und hält sie unter den auf Zimmertemperatur eingestellten Wasserkran in einer Spüle oder einem Duschbecken.

Mit der Hand leitet man den wahrscheinlich zu starken Wasserstrahl vorsichtig auf alle Stellen des Substrates rundherum um die Pflanze, solange, bis das Wasser durchläuft.

Danach muß die Pflanze in dem Becken 5 bis 10 Minuten ablaufen, bis kein Wasser mehr aus dem Topf herausläuft. Dann kann die Pflanze wieder zurück an ihren Standplatz auf der Fensterbank. Dieses „Überfluten" oder auch das nachfolgend beschriebene „Tauchen" darf aber nicht so oft geschehen, wie man es vom Gießen mit der Gießkanne gewohnt ist.

Der Nachteil dieser Methode ist, daß man in seiner Wasserleitung ein für die Pflanzen verträglich weiches Wasser haben muß. Außerdem muß die Pflanze dazu aus dem Übertopf entnommen werden, was arbeitsintensiv ist, wenn man sehr viele Orchideen hat. Den Pflanzen bekommt diese Art des Gießens jedoch sehr gut, da das ganze Substrat dabei richtig durchspült und gleichmäßig feucht wird. Es hat auch den Vorteil, daß man die Pflanze genauer betrachtet als beim flüchtigen Gießen mit der Kanne. Man stellt so

Schädlingsbefall schneller fest und sieht, ob die Dränage im Übertopf noch in Ordnung ist.

Das **Tauchen** von Orchideentöpfen in einem mit handwarmen Wasser gefüllten Gefäß möchte ich dem Anfänger nicht empfehlen. Es hat den Nachteil, daß man dabei leicht Krankheitserreger und Schädlinge durch das Tauchwasser auf die anderen Pflanzen überträgt.

Eine weitere gute, aber auch zeitaufwendige Möglichkeit ist das **Sprühgießen,** das ich neben dem Überfluten in der letzten Zeit vorzugsweise anwende. Dabei benutzt man einen mit warmem Wasser gefüllten Druckluft-Pumpsprüher mit feinster Sprühnebeleinstellung und sprüht solange rund herum auf das Substrat, bis dieses völlig durchdrungen ist und das Wasser unten aus dem Topf herauszulaufen beginnt.

Auch dieses reicht in der Regel einmal jede Woche aus. Für das Gießen gilt: man sollte sich gerade dafür Zeit nehmen und langsam und mit Ruhe gießen.

Bei langsamem Gießen hat das ausgetrocknete Substrat eher die Möglichkeit, die Feuchtigkeit aufzunehmen, sonst läuft das Wasser durch.

Natürlich kann man Orchideen auch **mit der Gießkanne gießen.** Aber dann bitte nie nur immer an derselben Stelle, sondern am besten ist auch hierbei ein gleichmäßiges Einfeuchten des ganzen Pflanzstoffes, da sich sonst Gießrinnen bilden, durch die das Wasser nur so durchrauscht, wobei die Luftwurzeln keine Möglichkeit haben, die zugeführte Feuchtigkeit aufzunehmen.

Welche Tageszeit ist zum Gießen am günstigsten für die Orchideen?

Die Morgenstunden werden in fast allen Orchideenbüchern als günstigste Zeit zum Gießen empfohlen. Dies entspricht auch meiner Erfahrung. So können die Pflanzen bis zum Abend abtrocknen.

Eines noch zum Schluß zum Thema Gießen: Wenn man sich unsicher ist, ob jetzt oder lieber erst in ein paar Tagen, sollte man **lieber nicht gießen.**

Düngen

Das Düngen von Orchideen hat etwa dieselbe Bedeutung wie richtige Ernährung und Vitaminzufuhr beim Menschen. So wie der Mensch durch Vitamine und Ernährung eine Abhärtung gegen viele Krankheiten erreichen kann, bewirkt ausgewogenes, richtiges Düngen eine Prophylaxe gegen Schädlingsbefall und Pilzerkrankungen.

Dabei ist zu berücksichtigen, daß Dünger am besten von feuchtem Pflanzstoff aufgenommen wird. Also erst nach dem Gießen auch düngen.

Wie oft sollte man düngen?

Orchideen sind kleine Esser und Trinker. Eine Düngung über das Gießen ins Substrat (Volldüngung) sollte höchstens alle 4 bis 6 Wochen stattfinden. 0,5 ml Flüssigdünger auf 1 l Gießwasser reicht aus. Bei höherer Düngerkonzentration können die Wurzeln versalzen.

Mindestens viermal muß danach mit reinem Wasser wie gewöhnlich gegossen werden, sonst versalzen die Wurzeln (sie werden erst braun und dann weich und können weder Wasser noch Dünger aufnehmen, die Blätter werden schlapp, die Pflanze verblüht schnell). Besser ist meines Erachtens jedoch eine Kombination einer seltenen Düngung durch Gießen (alle 4 bis 6 Wochen) mit einer häufiger ausgeführten **Blattdüngung** (einmal pro Woche, 1 ml auf 1 l Wasser).

Die **Blattdüngung** hat den Vorteil, daß sie auf natürliche Art und Weise die wichtigen Wurzeln schont und trotzdem genug Dünger über die Blätter von der Pflanze aufgenommen werden kann. Bei der Blattdüngung fügt man den Dünger dem Sprühwasser bei. Während der Wachstumszeit kann dies einmal pro Woche geschehen, bei Vandeen jeden zweiten Tag. Aber auch hier muß zwischendurch mit klarem Wasser zwischen den einzelnen Düngungen gesprüht werden. Wer sowieso jeden Tag seine Pflanzen übersprüht, erreicht dies automatisch. Vorsicht bei auf der Substratfläche aufliegenden frischen *Phalaenopsis*wurzeln oder Vandeenwurzeln. Sie können auch bei der Blattdüngung unbeabsichtigterweise versalzen. Also während der Blattdüngung kurz mit Papier bedecken.

Häufigkeit und Menge der Düngung sind allerdings auch vom Substrat abhängig: Je steriler (anorganischer) das Substrat ist (Steinwolle, Styropor, Schaumgummi, Orchidchips), um so öfter muß man düngen; beim Rindensubstrat genügen nach den Erfahrungen mancher Gewährsleute schon etwa zweimonatliche Düngergaben.

Es gibt jedoch auch „Starkzehrer" wie z. B. die Cymbidien.

Womit sollte gedüngt werden?

Mit irgendeinem handelsüblichen Orchideendünger (flüssig oder pulverförmig) mit Stickstoff-, Phosphor-, Kaliumanteil und Spurenelementen (oft abgekürzt mit NPK), etwa mit Guano-Flüssigdünger, Chrystal, BioTrissol, Polymaris, Dünger auf Algenextraktbasis, Wuxal super, bei Vandeen auch mit Malzbier, und zwar 1 ml (Vitamin D und B), Brennessellauge etc. Es gibt auch Dünger, der stickstoffbetont ist und somit als reiner Wachstumsdünger angelegt ist, und einen speziellen Blühdünger, dessen erhöhter Phosphorgehalt für die Blütenentwicklung zuträglich ist. Z. B. Orchid quick und Orchid quick plus. Meiner Meinung nach ist Flüssigdünger für den Anfänger einfacher in der Handhabung, da leichter zu dosieren. **Vorsicht!** Bei fast allen Düngern gilt: **Dünger nie in der Menge verwenden, wie auf den Flüssigdüngerflaschen angegeben wird!** Statt dessen mit einer Injektionsspritze (aus der Apotheke) ½ bis 1 ml Flüssig-Dünger aufziehen und mit einem Liter Gießwasser vermischen!

Besser wird von manchen Orchideen eine noch schwächer konzentrierte Düngergabe vertragen (0,25 ml Dünger auf 1 l Wasser). Hier gilt: **Lieber geringer konzentrierte Düngergaben, aber etwas häufiger** (einmal pro Woche während der Wachstumszeit) **und schön regelmäßig!**

Umtopfen

Eigentlich sagt man, daß es ausreicht, wenn man eine Orchidee ca. **alle zwei Jahre umtopft.** Und in der Regel auch zur Wachstumszeit (bei vielen Pflanzen ist das das Frühjahr), weil dann frische Wurzeln gebildet werden, die das neue Substrat durchdringen können. Aber Ausnahmen bestätigen die Regel. Wenn nämlich das **Substrat veralgt** ist (grüne oder gelbe Überzüge durch Algen oder Pilze), die Wurzeln **versalzen** sind oder Substrat oder Wurzeln **von Schädlingen befallen** sind, muß sofort umgetopft werden. Umgetopft werden muß auf jeden Fall auch, wenn die **Wurzeln faulen,** z. B. bei durch falsches Gießen entstandener Staunässe. Wenn die **Blätter sich schlaff anfühlen** trotz ausreichender Luftfeuchtigkeit und Schattierung, liegt zumeist ein Wurzelschaden vor, und auch dann muß umgetopft werden. Auch, wenn der Topf zu klein geworden ist, so daß die Neutriebe keinen Platz mehr im Topf haben, muß umgetopft werden. Zum Umtopfen von Orchideen sollte man nur **Orchideenerde** verwenden. Sie ist im eigentlichen Sinne keine Erde, sondern ein Substrat aus: Baumrindenstücken, Styropor oder Schaumstoff, Torf, Holzkohle, Blättern, Kuhmist, Kork, Kokosfasern etc. Manche Orchideenzüchter fügen ihrem Substrat noch Vermiculite hinzu, einen Glimmer, der dafür sorgt, daß die Spurenelemente des Düngers auch für die Pflanze verfügbar sind.

Generell gilt, daß jeder Züchter sein eigenes Geheimrezept zur Mischung seines Substrates hat.

Hingewiesen sei im Zusammenhang mit Orchideensubstraten auf das Artenschutzabkommen. Davon betroffene Substratbestandteile, die leider noch zu kaufen, aber nicht mehr erlaubt sind, habe ich in meiner Auflistung weggelassen (z. B. Osmunda-Baumfarn).

Hydrokultur, also ein Einpflanzen in Blähton, ist nur bei sehr wenigen Orchideen möglich, aber nicht auf die Dauer zu empfehlen (Ausnahme: *Ludisia discolor).*

Man kann Orchideen auch in Orchid Chips halten, was aber nicht nur sehr teuer ist, sondern auch ein anderes Dünge- und Gießverhalten erfordert, so daß ich hier in einem Buch für Anfänger darauf nicht näher eingehen möchte.

Bei manchen kleinwüchsigen Arten (z. B. *Ascocentrum miniatum,* Variegate Oncidien etc.) ist es von Vorteil, die Pflanze locker mit einem Seidenstrumpfstück auf eine Baumrinde (z. B. Kork) aufzubinden. Sollte dieses Baumrindenteil dann mal zu klein werden, kann mit einem neuen Stück „angebaut" werden.

Zu beachten ist, daß **jede Orchideengattung, abhängig davon, wie und wo sie wächst, ein dementsprechendes** für sie angemessenes **Substrat braucht,** um gut zu gedeihen. Dendrobien, die oft auch in Australien auf Felsen wachsen, topft man z. B. in ein anderes Substrat als die epiphytisch wachsenden *Phalaenopsis.*

Mit einem Substrat aus Rinde und Torf mit Holzkohlestückchen und Schaumstoff habe ich bei *Phalaenopsis* die besten Erfahrungen gemacht. *Phalaenopsis* in reinem Rindensubstrat mit Holzkohle und Schaumstoffstückchen funktioniert auch gut, da dort die Wurzeln besonders kräftig werden, nur die Pflanze wächst etwas langsamer. Bei **Paphiopedilen** (manchen vielleicht geläufiger unter dem Namen „Frauenschuh") empfiehlt es sich, ein überwiegend aus Rindenstückchen bestehendes Substrat zu nehmen, da dort das Wasser schnell durchläuft und der Pflanzstoff schnell wieder abtrocknet. Bei **Vandeen** topft man oft in ein Holzkörbchen ohne Substrat. Allerdings habe ich auch gute Erfahrungen mit Vandeen im Topf in Styroporstückchen gemacht. Der Topf sollte viele Löcher auch an den Topfseiten haben, damit sich die Luftwurzeln gut ausbreiten können und genügend Frischluft haben. Meine *Vanda teres* steht in einem Topf in Rindensubstrat, was bis jetzt ebenfalls gut funktioniert. Dendrobien gedeihen gut in reinem Rindensubstrat, während **Oncidien** und *Odonto-*

glossum am besten in einer Torfmischung wachsen. **Cymbidien** kann man in Phalaenopsissubstrat kultivieren (s. o.). Häufig findet man sie jedoch in Steinwolle angeboten, was aber dem Orchideenliebhaber ohne computergesteuertes Gewächshaus nicht zu empfehlen ist. Alle Hybriden der unterschiedlichsten **Cattleyen** setzt man am besten in grobes Rindensubstrat.

Für das Umtopfen der meisten Orchideen gilt die Regel: Nur zur Wachstumsphase verpflanzen und am besten **dann, wenn die Tage länger werden, also im Frühjahr, und am besten nach der Blüte.** Manche Orchideen reagieren sehr empfindlich auf das Umtopfen und registrieren es als Störung. Wenn man sich unsicher ist, wann man umtopfen sollte, empfiehlt es sich auch hier, telefonisch bei einem Orchideenzentrum nachzufragen.

Die Beschaffung des Substrates ist oft ein Problem. **Gärtnereien** und **Blumengeschäfte** führen zumeist nur Einheitserde für alle Gattungen. Manchmal stehen die Tüten schon wer weiß wie lange im Geschäft und wimmeln nur so von Schädlingseiern. Manchmal sind auch Mischungen im Handel, deren Bestandteile unter Naturschutz stehen. Substrat **schicken zu lassen** ist in größeren Mengen zu teuer. Substrat **selber sammeln** bringt den Nachteil, daß man sich erst einmal die **richtigen Bestandteile** beschaffen muß, die dann zudem noch steril gemacht werden müssen. Es ist also zu umständlich. Also ist auch hier wieder das Beste, man wendet sich an das nächstgelegene **Orchideenzentrum,** kauft dort auf Vorrat und lagert verschiedene Arten von Substrat luftig, trocken und kühl. Plastiktüten mit Substrat bitte immer offen stehenlassen!

Es empfiehlt sich bei allen Arten von Orchideen in Topfkultur (Ausnahme sind die an Wasserläufen beheimateten Phragmipedien), immer für eine **Dränageschicht** im Topf gegen Staunässe zu sorgen. Selbst, wenn man dann einmal zuviel gegossen hat, stehen die Orchideen immer noch „mit trockenen Füßen" auf der Dränageschicht. Bei nassen Füßen würden die Wurzeln im Topf verfaulen.

Eine Dränageschicht kann bestehen aus: Styropor, Blähton, Kieselsteinen, gröberem Sand oder auch einem umgekehrten Blumentopf aus Ton oder Plastik. Es ist auch immer von Vorteil, eine **doppelte Dränageschicht anzulegen:** eine auf dem Boden **im Innentopf,** unter dem Substrat, und eine **auf dem Boden des Blumenübertopfes.**

Stellt man beim Umtopfen fest, daß manche Wurzeln braun und weich geworden sind, empfiehlt sich ein **Wurzelrückschnitt.** Dabei werden nur die braunen, weichen Wurzeln, bis zum Stamm zurückgeschnitten und die **Schnittstellen mit Holzkohlepuder überstäubt.** Das beugt Pilzbefall vor. Bitte niemals noch im Wachstum begriffene, heile Wurzeln abschneiden oder abknicken. Sie sind die Nabelschnur für die funktionierende Versorgung der Pflanze. Bei Orchideen, die gesund und kräftig sind, bereitet das Wurzelsystem durch seine Länge gewisse Schwierigkeiten. Es läßt sich schlecht in kleineren Töpfen unterbringen. Statt aber nun zu großen Töpfen zu greifen, legt man die Wurzeln (etwa von *Phalaenopsis)* 5 Minuten in lauwarmes Wasser. So werden sie weich und biegsam und lassen sich um die Hand wickeln und in ein entsprechendes Gefäß topfen.

Schnittgeräte müssen auf jeden Fall immer vor Gebrauch **keimfrei gemacht werden.** Damit beugt man einer Übertragung von Viren und Bakterien, sowie auch Pilzkrankheiten vor. Viren befinden sich zum Beispiel im Pflanzensaft und stecken über diesen Pflanzensaft auf den Schneidegeräten tagelang andere Pflanzen mit an. **Desinfizieren** kann man mit einer 70%igen Alkohollösung (Apotheke, etwa Isopropylalkohol) oder durch Hitze, etwa mit einer Kerze oder einem Feuerzeug. Auch ein gewöhnliches Haushaltsdesinfektionsmittel, wie etwa Sagrotan, könnte – nach Gebrauchsanweisung – benutzt werden. Bitte lassen Sie auch im Umgang mit diesen gebräuchlichen Desinfektionsmitteln Vorsicht walten, und bewahren Sie diese vor Unbefugten (vor allem Kindern!) gesichert auf. Die Gebrauchsanweisungen des Herstellers müssen unbedingt beachtet werden. Zudem ist zu berücksichtigen, daß die meisten Desinfektionsmittel eine Einwirkzeit von 10 bis 15 Minuten benötigen, um wirksam zu werden!

Das **alte Substrat wird ganz entfernt, so gut es geht.** Die Wurzeln werden warm abgespült.

Falls alte Wurzeln zurückgeschnitten werden mußten, darf man die Pflanze nach dem Umtopfen in das neue, feuchte Substrat (abgetrocknetes Substrat bitte einen Tag lang vor dem Umtopfen mit einer Wassersprühflasche einfeuchten) die nächsten 5 bis 8 Tage nicht gießen, da sonst die Schnittstellen nicht gut abheilen können. War kein Wurzelrückschnitt nötig, darf ruhig das Substrat gut durchwässert werden, bis das Wasser unten aus dem Topf wieder herausläuft. Danach 5 bis 10 Minuten in der Spüle abtropfen lassen.

Liegt das Substrat bei Ihnen schon länger und ist ausgetrocknet, sollte man es, falls möglich, ausbreiten und mit einer Sprühflasche übersprühen. Dann einen halben Tag lang das Wasser einziehen lassen. Erst danach umtopfen.

Die nächsten 4 bis 6 Wochen nach dem Umtopfen sollte man nicht über das Substrat düngen, da die Wurzeln sich erst umgewöhnen müssen und durch eventuelle Verletzungen jetzt sehr empfindlich sind.

Als **Pflanzgefäße** für Orchideen eignen sich Kunststofftöpfe, Tontöpfe, Holzkörbchen, Ampeln oder Wannen.

Licht und Schatten

Die meisten Orchideen **benötigen soviel indirektes Licht wie möglich.** Nur bei direktem Sonnenlicht muß man vorsichtig sein, da Orchideen leicht Sonnenbrand bekommen. Für Südfenster gilt: **keine direkte Sonnenbestrahlung von April bis September.** An Süd-Ost- und Süd-Westfenstern sind Orchideen nicht so sehr sonnenbrandgefährdet wie an reinen Südfenstern, aber auch hier sollte zumindest über die heißeren Stunden des Tages in den Sommermonaten schattiert werden. Hingegen in reinen Ostlagen und Westlagen kann zumeist auf eine Schattierung ganz verzichtet werden. Es ist darauf zu achten, daß die Orchideen im Sommer keinen direkten Kontakt mit dem Fensterglas haben, da dieses bei starker Sonnenbestrahlung und hohen Außentemperaturen wie ein Brennglas wirkt. Besonders anfällig für Sonnenbrand sind *Phalaenopsis*. Diese gegenüber Sonne so empfindlichen Orchideen sollte man in die zweite Reihe oder auf der Fensterbank nach hinten (zum Zimmer hin) stellen. Cattleyen, Laelias und Vandeen hingegen kommen am besten nach vorne (zur Scheibe hin).

Eine effektive **Schattierung** für eine Südseite kann man auf verschiedene Arten erreichen: Durch Außenrollos oder Innenrollos, Pappen oder Tonkarton, Seidenpapier, Transparentpapier, eine Markise, eine Lamellenjalousie, einen Sonnenschirm draußen vor dem Fenster oder einen Balkonvorbau über dem Fenster, einen vom Fenster entfernten Standort auf Blumentischen oder Hockern oder, indem man sonnenunempfindliche Pflanzen mit breiten Blättern als „Sonnenschirm" vor die lichtempfindlicheren Orchideen stellt. Im Winter, frühem Frühjahr und im Spätherbst ist direktes Sonnenlicht ideal für alle Orchideen. Es beschleunigt das Wachstum und beugt bei *Phalaenopsis* Knospenabfall wegen Lichtmangel vor. Zu diesen Jahreszeiten ist ein Standort am Südfenster bei den meisten Orchideen uneingeschränkt zu befürworten.

Geflecktblättrige Arten der *Phalaenopsis* und Paphiopedilen vertragen höhere Temperaturen und mehr Sonnenlicht als rein grünblättrige. Steif- und dickblättrige (z. B. *Cattleya*) ebenso wie rohrförmige (*Vanda teres*) Orchideen vertragen in der Regel mehr Sonne und höhere Temperaturen als Orchideen mit dünnen oder weichen Blättern.

Belüftung

Ventilatoren (Decken-, Stand-) eignen sich dafür, nach dem Gießen oder Sprühen schnell alles abzutrocknen. Sie verteilen die Luftfeuchtigkeit, sorgen bei regelmäßigem Lüften für Frischluft und beugen so auch Schädlingsbefall vor. Für Gewächshäuser sind sie ideal, im Wohnzimmer können sie ziemlich stören und sind zu vermeiden, falls man mehrmals am Tag die Fenster oder Türen aufmacht und für Luftaustausch sorgt.

Fenster auf Kippstellung eignen sich auch bei Regen und feuchtwarmer Gewitterluft. Luftbewegung ist an sich für Orchideen nicht schädlich, aber es können sich durch Luft von außen leicht Läuse einstellen (Durchzug sollte es sowieso nicht sein, also nicht etwa die Fenster auf zwei Seiten öffnen).

Für das Öffnen der Fenster gilt: Draußen darf es nicht unter 10 °C sein, falls man Warmhausorchideen hat. An sonnigen Wintertagen dagegen und für nur einen kurzen Zeitraum ist das Lüften allerdings auch dann möglich.

Heizung ist von Vorteil im Winter bei Warmhausorchideen, sofern man immer auch auf eine ausreichende Luftfeuchtigkeit acht gibt und diese gegebenenfalls auch künstlich beeinflußt. Bei zu trockener Luft kann es zu Schädlingsbefall und braunen Blattspitzen kommen. Kalthausorchideen (manche *Masdevallia, Coelogyne cristata;* siehe die Orchideen weiter unten) sollte man natürlich im Winter nicht auf eine Heizung stellen, sondern in ein unbeheiztes Zimmer oder einen Wintergarten, falls vorhanden.

Temperatur

Jede Gattung, manchmal auch die einzelnen Arten, haben von sich aus bestimmte Temperaturansprüche, die sich nach den klimatischen Verhältnissen ihrer Ursprungsländer oder denen ihrer Eltern richten. Wir müssen versuchen, diesen Temperaturansprüchen gerecht zu werden, so gut es geht, wollen wir Orchideen erfolgreich bei uns zu Hause kultivieren.

Die richtige Temperatur ist Voraussetzung für Wohlbefinden, Wachstum und Blüteninduktion bei Orchideen.

Man kann die Orchideen einteilen in: Kalthausorchideen, Warmhausorchideen, Orchideen für den temperierten Bereich, aber auch wechselwarm zu haltende Arten. Diese Einteilung ist ein grobes Behelfsmittel nach den Bereichen, in denen die Orchideen optimal wachsen und blühen. Listen mit Temperaturangaben finden sich in fast allen Orchideenbüchern, allerdings sind sie stark voneinander abweichend. Wahrscheinlich kann man keine einheitlichen Temperaturen

angeben, da die Erfahrungen von Züchter zu Züchter unterschiedlich sein können und die Orchideen von sich aus sehr anpassungsfähig sind und auch mal ein paar Grad mehr oder weniger vertragen und trotzdem gedeihen. Hinzu kommt, daß man die Temperatur nicht isoliert betrachten kann, sie wirkt immer zusammen mit Licht und Feuchtigkeit auf die Pflanze ein. Im folgenden sollen nun Richttemperaturen angegeben werden, nach denen die Heizung notfalls eingestellt (oder ausgestellt!) werden kann. Alle diese Temperaturbereiche kann man aber ohne Schwierigkeiten in einer normalen Wohnung mit Balkon oder Garten wiederfinden. Sie sind für Mensch und Orchidee gleichermaßen angenehm.

Kalthaus (Abkürzung: K) Die Temperaturen sollten im Winter zwischen mindestens 5 bis höchstens 14 °C liegen. Im Sommer kann die Temperatur auch einmal bis 20 °C ansteigen. Das Kalthaus entspricht in der Wohnung etwa einem unbeheizten Schlafzimmer o. ä. Die niedrigen Sommertemperaturen erreicht man nur annähernd durch Nach-draußen-Stellen der Pflanzen. (Beispiele für Orchideen, die optimal bei diesen Temperaturen gedeihen: *Pleione*, *Bletilla striata*, Frauenschucharten gemäßigter Breiten etc.)

Temperierter Bereich (T) Die Temperaturen tagsüber sollten zwischen 18 und 20 °C liegen, nachts zwischen 15 und 18 °C. Das entspricht einem nur leicht beheizten Raum. Im Winter sollten die Temperaturen sich zwischen 15 bis 17 °C bewegen. (Beispiele für Orchideen, die optimal bei diesen Verhältnissen wachsen: *Cattleya*, *Miltonia*, viele Paphiopedilen etc.)

Warmhaus (W) Hier kann die Temperatur tagsüber bei 21 bis 25 °C (oder kurzfristig auch höher) liegen. Nachts darf die Temperatur nur geringfügig niedriger als tagsüber sein (1 bis 2 °C) und nicht unter 18 °C im Winter abfallen. Dieser Temperaturbereich entspricht einem im Winter als Wohnraum beheizten Zimmer. (Beispiele: viele *Phalaenopsis*, obwohl sie auch temperiert gedeihen, manche Vandeen, *Dendrobium phalaenopsis* etc.) **Wechselwarm zu haltende Orchideen** (WW) können nicht nur große Temperaturschwankungen aushalten, sondern benötigen sie geradezu. So wird die Blüteninduktion angeregt. In unseren Breitengraden erreicht man das am besten, indem man

sie ab Mitte Mai nach draußen stellt. Vor dem ersten Nachtfrost werden diese Pflanzen ins Haus geholt und so hell, warm und feucht wie möglich gehalten (z. B. *Dendrobium nobile*).

Ist man sich unsicher, in welchen Temperaturbereich eine Pflanze gehört, sollte man sie zunächst temperiert kultivieren.

Das beste ist natürlich, wenn man gleich beim Kauf nach dem Temperaturbereich fragt, oder ihn in einem Buch nachliest und diesen auf dem Etikett im Pflanztopf mit K, T, W oder WW vermerkt.

Viele Orchideen lassen, was die Temperaturansprüche angeht, „mit sich verhandeln". Sie halten sich nicht immer an die ihnen in Büchern zugesprochenen Temperaturen und nehmen es einem nicht übel, wenn man mit der Temperatur etwas danebenliegt. So kultiviere ich seit 5 Jahren mit Erfolg Orchideen des temperierten und kalten Bereiches zusammen mit verblühten *Phalaenopsis* in einem unbeheizten Schlafzimmer mit Süd-Westlage (im Sommer bis zu 27 °C maximal, im Winter um 14 bis 17 °C). Mit der Zeit ergeben sich durch Ausprobieren und etwas Erfahrung eine Menge Möglichkeiten, Orchideen im Haus unter auch für Menschen ganz normalen Bedingungen zu halten.

Standort

Zu jedem Fenster gibt es die passenden Orchideen. Gleich, welche Lage, ob thermopaneverglast oder nicht, ob schmal oder breit, Orchideen gedeihen überall. Es gilt nur, die geeigneten Orchideen für seine Fensterbänke zu erfragen oder zu erlesen. Einige Hinweise folgen:

Nordfenster sind lichtarm, vor allem im Winter. *Phalaenopsis* würden hier die Knospen abwerfen, die meisten anderen Orchideen spärlich oder gar nicht wachsen. Aber auch hierfür gibt es Orchideen mit sehr geringen Lux-Anforderungen, die hier gedeihen: z. B. *Comparettia falcata*,

Epidendrum cochleatum, *Odontoglossum pulchellum*, *Oncidium flexuosum*, viele Paphiopedilen, z. B. *Paph. venustum*, *Coelogyne cristata*, *Masdevallia*, um nur einige zu nennen.

Nicht schlecht ist das Nordfenster als Sommerquartier für sehr sonnenempfindliche Arten, wie z. B. *Phalaenopsis*.

Ost- oder Westfenster sind uneingeschränkt für fast alle Orchideen das ganze Jahr über geeignet, wenn man bei besonders intensiver Sonnenbestrahlung und hohen Außentemperaturen die Pflanzen schattiert. Auch hier kann es sein, daß Phalaenopsis im Januar/Februar einige Knospen abwirft.

Südfenster und **Südostfenster** sind m. E. hervorragend geeignet, selbst wenn sie durch das Schattieren von April bis Mitte September viel Arbeit machen. Von 10 bis 15 Uhr Sommerzeit muß dann schattiert werden. Sie haben aber auch den unbestreitbaren Vorteil einer auch im Winter hohen Lichteinstrahlung, durch die das Wachstum und die Blütenentwicklung gefördert werden: Südfenster verfrühen die Blütenbildung (nach der Erfahrung an meinen Orchideen) um 2 bis 3 Monate bei z. B. *Phalaenopsis* und ermöglichen bei vielen Cattleyen und Vandeen zwei Blütezeiten pro Jahr.

Südfenster sind mit Schattierung besonders geeignet für Orchideen mit großem Lichtbedarf, wie z. B. bei Vandeen und deren Hybriden und Mehrgattungshybriden.

Eine **Zusatzbeleuchtung** halte ich nicht unbedingt für erforderlich. Sie ist sehr teuer und bei Südfenstern völlig überflüssig. Nur wer seine Orchideen im Raum entfernt vom Fenster in einer dunklen Ecke hält, sollte sich im Fachhandel dementsprechende Leuchtstoffröhren besorgen. Wer nicht nur Nordfenster hat, die dicht mit Bäumen verdeckt sind, wird auch ohne Zusatzbeleuchtung eine Menge an Orchideenarten erfolgreich kultivieren können.

Übersommern draußen kann man Kalthausorchideen, wechselwarm zu haltende Orchideen, aber auch Vandeen. Immer vorausgesetzt, man sorgt für einen schattigen Standort und schützt vor Regen und stellt die Pflanzen nie direkt auf den Boden, sondern auf eine Dränageschicht – Holzbalken, Tontöpfe etc., eben alles, bei dem Gießwasser ungehindert ablaufen kann.

Für die Übersommerung draußen eignen sich Nischen, die die Sonne weitgehend abhalten, Bäume mit dichtem Laub, Überbaue von Balkons, aber auch Tische als Überbau.

Luftfeuchtigkeit

Ideal sind 70 bis 80 % Luftfeuchtigkeit. Bei Vandeen und Jungpflanzen, wie auch frisch umgetopften Pflanzen, darf die Luftfeuchtigkeit auch ruhig noch höher ansteigen. Diese kann durch viele Pflanzen zusammen erreicht werden, die auf Blähton oder einer anderen Dränageschicht auf Pflanzenwannen stehen oder in Blumentöpfen und die so für ein gutes Mikroklima sorgen. Bei Sonneneinstrahlung sinkt die Luftfeuchtigkeit, nachts dagegen steigt sie durch den Temperaturabfall.

Wenn die Luftfeuchtigkeit unter 50 % oder gar 40 % sinkt, etwa im Winter, wenn geheizt wird, muß ein Ausgleich geschaffen werden, sonst ziehen die Schädlinge ein, wie etwa Rote Spinnen. Man kann durch mehrere Maßnahmen die Luftfeuchtigkeit künstlich erhöhen:

- durch tägliches Übersprühen der Pflanzen
- durch einen elektrischen Luftbefeuchter
- durch einen oder mehrere Zimmerspringbrunnen
- durch Wasserschalen auf der Heizung
- durch Wasserverdampfer (am besten aus schrühgebranntem, unglasiertem Ton) an der Heizung.
- durch Wäscheständer mit feuchter Wäsche vor Blumenfenster und Heizung
- durch (bei normaler Küchenbenutzung) fließendes Wasser oder Wasserdampf in der Küche!
- durch nasse Küchenhandtücher über der Heizung
- durch den Schlauch eines Wäschetrockners in Blumennähe (70 %)
- durch Aufstellen von Pflanzen da, wo regelmäßig geduscht oder gebadet wird.

Schädlinge, Viren, Bakterien und Pilze

Bei einem Verdacht auf Schädlingsbefall oder eine Pilzinfektion, bei plötzlich auftretenden Blattflecken oder wenn einem eine Pflanze nicht mehr gesund vorkommt, sollte man vorsichtigerweise die betreffende Pflanze immer sofort **isolieren** und einige Wochen beobachten. Man kann sie fern von den anderen Orchideen auf eine **„Quarantänefensterbank"** stellen.

Es gibt verschiedene Arten der Schädlingsbekämpfung: alternative, biologische und chemische. Alternative Schädlingsbekämpfung umgeht alles, was für den Menschen giftig sein könnte und nimmt vorlieb mit dem, was in der Natur oder an harmlosen Dingen im Haushalt vorkommt. Biologische Schädlingsbekämpfung setzt zum Beispiel Raubmilben oder australische Marienkäfer gegen saugende Schädlinge ein, also deren natürliche Feinde.

Chemische Mittel sind synthetisch hergestellte, abtötend wirkende, giftige Mittel zur Schädlingsbekämpfung und gegen Pilze und Bakterien. Sie können **gesprüht** oder **gegossen, gestreut** oder auch **geräuchert** werden. Alles vorsichtshalber bitte am besten draußen oder in gut durchlüftbaren Räumen, die danach viele Stunden nicht mehr betreten werden. Und vor allem immer nach Gebrauchsanweisung und so, daß Unbefugte nicht an die Mittel herankommen.

Schädlingsbekämpfungsmittel und Fungizide sind **nicht nur schädlich für den jeweiligen Befall an der Pflanze, sondern auch für den Menschen.** Deswegen sollte sorgsamst abgewogen werden, ob ein solcher Einsatz irgendwie mit harmloseren Alternativmitteln umgangen werden kann. Viele Mittel, denen bereits aus gesundheitsschädlichen Gründen die Lizenz entzogen ist, sind trotzdem noch überall im Handel erhältlich. Hier sollte man sich beim örtlichen Pflanzenschutzamt kundig machen, was erlaubt und möglich ist, sowie was von Orchideen auch vertragen wird.

Die Zulassungen der einzelnen Mittel sind immer zeitlich begrenzt. Es liegt also ständig ein Wandel vor. Mittel, die heute zugelassen sind, können ein paar Wochen später die Zulassung verloren haben und umgekehrt. Die Zulassung eines Mittels kann nach Ablauf der Zulassung wieder neu beantragt werden. Das kostet Zeit. Währenddessen sind bis zur Neuzulassung nichtsdestotrotz auch alle möglichen nicht zugelassenen Mittel überall im Handel erhältlich. Von den in diesem Buch namentlich genannten Mitteln zur Schädlingsbekämpfung und Fungizidbehandlung haben folgende Mittel zur Zeit keine Zulassung (Stand 12. Mai 1995, laut Computerauszug des zuständigen Pflanzenschutzamtes): Physan, Pentac, Kontralineum, Sommeröl „Elefant" und Blattanexspray. Diese Mittel waren vor einem Jahr noch zugelassen und können auch wieder neuzugelassen sein, wenn dieses Buch auf dem Markt erschienen ist. Als Laie oder Amateur sollte man peinlichst den aktuellen Zulassungsstand beachten und darum hin und wieder beim Pflanzenschutzamt nachfragen und bitte nur dort, und nicht in Gartencentern oder Blumengeschäften!

Des weiteren muß man schon beim Erwerb von Schädlingsbekämpfungsmitteln und Fungiziden darauf achten, daß diese vor Unbefugten gesichert aufbewahrt werden – am besten natürlich in einem abschließbaren Schrank. Auf die Gebrauchsanweisungen der Hersteller ist peinlichst zu achten, was auch für die Dosierung gilt. Man sollte im Umgang mit diesen Mitteln lieber ein bißchen zu vorsichtig sein, als es hinterher zu bereuen oder gar gesundheitliche Schäden davonzutragen!

Wenn in einem Fall auf Schädlingsbekämpfungsmittel nicht mehr verzichtet werden kann, sollte man zunächst **immer mit dem am wenigsten gefährlichen** Mittel anfangen (z. B. Spülmittel, Knoblauchtee, Aktivkohlepuder). Das bedeutet also, zuerst alternative Methoden und Mittel der Schädlingsbekämpfung ausprobieren oder aber biologische vor einer Anwendung von anderen, chemischen Mitteln. Man sollte sich dabei auch **immer peinlichst genau an die auf der Packung angegebenen Mengenangaben halten** und diese auf keinen Fall überschreiten! Die Mittel können unter Umständen von den Pflanzen nicht gut vertragen werden und von Ihnen selber auch nicht! Deswegen: So wenig Schädlingsbekämpfungsmittel wie nötig.

Mittel zur Schädlingsbekämpfung und Fungizide werden von dem Pflanzstoff am besten aufgenommen, wenn das Substrat feucht ist, wenn es also vorher gerade gegossen wurde. Bei Befall von beißenden oder saugenden Insekten ist es am sichersten, wenn man das betreffende Mittel – nach Gebrauchsanweisung – direkt auf die befallenen Blätter oder Blüten aufsprüht (Vorsicht: nicht alle Mittel werden auch von den Blüten vertragen!) Fast jede Behandlung mit einem Schädlingsbekämpfungsmittel oder einem Fungizid muß im Abstand von 8 bis 10 Tagen noch einmal wiederholt werden. Bei Befall durch Insekten, Pilze oder Viren empfiehlt es sich außerdem, die Fensterbank und Fensterscheiben zu desinfizieren (Herstellerhinweise beachten, vor Unbefugten unzugänglich aufbewahren).

Beim Sprühen chemischer Mittel sind immer Gummihandschuhe anzuziehen, da verschiedene Mittel auch durch die Haut aufgenommen werden können. Auch wenn das Mittel verdünnt wurde, sind damit versehentlich benetzte Kleidungsstücke oder Handtücher in die Waschmaschine zu stecken und aus Versehen besprühte Hautpartien sofort mit Wasser und Seife gründlich zu reinigen. Ein Mundschutz kann immer nur von Vorteil sein. Das mag alles auf den ersten Blick übervorsichtig erscheinen, aber das gängige harmlose Mittel von gestern kann sich – eventuell erst nach Jahren – als z. B. krebsfördernd erweisen. Auf jeden Fall sind Kinder u. a. Unbefugte fernzuhalten (z. B. Zimmertür abschließen).

Günstig ist, wenn man die behandelten Pflanzen bei für sie verträglichen Außentemperaturen draußen über einen Tag ganz abtrocknen lassen kann, bevor man sie in einen gut belüfteten und vorläufig nicht benutzten Raum für zwei weitere Tage stellt.

Spinnmilben/Rote Spinnen

sind kleine, mit bloßem Auge nur als Mehlstaub wahrnehmbare Tierchen auf (meist) der Blattunterseite, die feine Gespinste ziehen (Larvenstadium). Die ausgewachsenen Tiere sehen mit bloßem Auge aus wie roter Staub, unter dem Vergrößerungsglas erkennt man 8beinige Spinnentierchen. In jedem Entwicklungsstadium saugen diese Tiere Blätter aus. Die Blätter sehen silbrig aus, werden gelb und fallen ab, und die Pflanze wird so gewaltig geschwächt.

Leider treten sie gerade bei Anfängern in der Orchideenhaltung relativ oft auf, wenn nicht die nötige Luftfeuchtigkeit von 70 bis 80 % erreicht wird. Biologisch kann man sie mit Raubmilben *(Phytoseiulus persimilis)* bekämpfen. Diese bezieht man per Post über eine Gärtnerei mit Hilfe von Karten, die dort ausliegen und abgestempelt werden müssen. Die Firma Neudorff verschickt die Nützlinge dann innerhalb von wenigen Tagen zu Ihnen nach Hause. Nachteil: pro Einsatz kostet das 15 bis 30 DM, ist also im Verhältnis zu chemischer und alternativer Bekämpfung erheblich teurer. Wem das zu kompliziert und langwierig ist, der kann versuchen, sie mit alternativen Mitteln zu bekämpfen:

Zunächst muß eine solche Pflanze sofort isoliert werden. Dann sollte man generell erstens die Luftfeuchtigkeit in dem Raum drastisch erhöhen, zweitens die Pflanze duschen und die Blätter abreiben, das Substrat gut angießen und die ganze Pflanze 3 Tage lang mit Topf in einen oben zugebundenen, durchsichtigen Plastikbeutel stecken. Aufpassen muß man aber, daß das Substrat nicht schimmelt, also nicht länger in der Tüte lassen, als angegeben. Die am stärksten befallenen Blätter sollten vorher abgeschnitten werden.

Sollte der Befall sich dann trotzdem wiederholen, greife man zur (sauberen!) Zahnbürste und bürste die Blätter von unten oder auf der befallenen Seite mit einer 70%igen Alkohollösung (Apotheke) ab. Danach die Pflanze nochmals duschen. Kehren die Spinnmilben dann trotz aller Maßnahmen wieder, muß man gezwungenermaßen doch noch chemisch bekämpfen. Etwa mit Pentac, Kontralineum, Neudosan oder ähnlichem. Auch hier gilt: Herstellerhinweise beachten und vor Unbefugten gesichert aufbewahren.

Leider muß man sagen, daß Spinnmilben sehr hartnäckig sind, und der Anfänger übersieht sie oft, weil sie so klein sind. Schauen Sie sich bei Spinnmilbenbefall auf jeden Fall nicht nur die Blattunterseiten ihrer anderen Orchideen an, sondern vor allem auch gewisse andere Grünpflanzen, die von diesen Insekten bevorzugt befallen werden: Efeu, *Ficus benjamina* (Birkenfeige), Bergpalmen, manchmal auch Schefflera. Diese bitte dann mitbehandeln, in ein anderes Zimmer ohne Pflanzen stellen oder aber gleich wegwerfen.

Schildläuse

sind sehr hartnäckige Störenfriede, die sich unter einem Panzer meist auf der Unterseite der Blätter oder an den Blütenstengeln festsaugen, diese aussaugen und somit schädigen. Oft setzt sich bei den so geschwächten Pflanzen auch noch ein Pilz auf die Saugstellen, wodurch diese sich braunrot verfärben. Auf jeden Fall bleiben Narben am Blattwerk zurück. Die Schildläuse sind im Jugendstadium blaßgelb, später rotbraun, aber so groß, daß man sie mit bloßem Auge wahrnehmen kann, falls man seine Orchideen immer sorgsam jeden Tag untersucht.

Weil sie durch den Panzer geschützt sind, ist ihnen nur sehr schlecht beizukommen. Man kann versuchen, zunächst alle erkennbaren Tiere abzusammeln und dann mit Alkohol zu betupfen. Allerdings kann man sehr kleine Tierchen dabei leicht übersehen und hat ein paar Wochen später einen erneuten Befall zu bekämpfen.

Wirkungsvoller sind die im Handel üblichen Mittel auf Ölbasis.

Die wohl einfachste Möglichkeit besteht darin, Speiseöl mit einem Tropfen Spülmittel zu versetzen und damit die Blätter einzustreichen. Das Ganze muß nach einer Einwirkzeit von einigen Tagen wieder abgewaschen werden, da es nicht nur die Atemorgane der zu beseitigenden Schildläuse verklebt, sondern auch die Poren auf den Blattunterseiten.

Auch Kontralineum, 2 ml auf 1 l Wasser, wirkt sehr gut, wenn damit die Blätter gleichmäßig eingesprüht werden. Herstellerhinweise beachten, Unbefugte fernhalten!

Man kann auch auf Sommeröl „Elefant", ein Steinöl, zurückgreifen: Alle sichtbaren Ansammlungen von Tierchen werden mit dem unverdünnten Mittel betupft oder aber Blätter und Stengel sorgsam von allen Seiten mit einer 2%igen Mischung besprüht. Dieses Mittel ist sehr wirksam, verklebt jedoch ebenfalls die Blattporen und verhindert so auf Dauer eine effektive Atmung. Es müßte später also wieder abgeduscht werden.

Wer nicht alle Tierchen erfaßt und beseitigt hat, muß sich nicht wundern, wenn nach ein paar Wochen oder Monaten die Pflanze wieder neu befallen ist. Darum sind auch Behandlungen mit Ölen dreimal im Abstand von ca. 5 Tagen zur Sicherheit zu wiederholen.

Wichtig ist bei einer Behandlung mit Ölen, daß die Pflanze vorher noch einmal richtig gewässert wird und hinterher nicht wärmer steht als 24 °C. Eine Behandlung in den Abendstunden bietet sich daher an.

Viele der saugenden **Schädlinge** werden **durch Erwerb von neuen Pflanzen eingeschleppt.** Sie sind nicht spezifische Orchideenschädlinge und können somit auch auf allen anderen Pflanzen sitzen, die man geschenkt bekommt oder dazukauft.

Auch **durch Blumensträuße aus dem Garten** schleppt man vor allem die verschiedensten Arten von Läusen ein.

Vermeiden Sie besser neben ihren Orchideen Pflanzen wie Efeu, Hibiskus, Bergpalmen etc., weil bei diesen über kurz oder lang der Schädlingsbefall vorprogrammiert ist.

Thrips/Blasenfüße

sind kleine gestreifte fliegenartige Tierchen, die häßlicherweise auch noch mit Flügeln ausgestattet sind, wodurch sie sich frei im Raum bewegen können und sich schnell ausbreiten. Bei Berührung der Pflanze verstecken sich Thripse meiner Erfahrung nach in den Blattachseln, so daß man sie manuell kaum entfernen kann.

Thripsbefall erkennt man an einem silbrigen Überzug (wie bei Spinnmilben) auf der Blattunterseite, seltener auch auf der Blattoberseite, sowie an verkrüppelten Blüten. Die Tiere stechen die Zellen an und saugen diese aus. Bei genauem Hinsehen entdeckt man, daß die Zellen nun wie Bläschen aussehen. Es empfiehlt sich, erst die Pflanze heiß abzuduschen (ca. 40 °C oder Badetemperatur) und dann nach Gebrauchsanweisung mit Spruzit oder Kontralineum zu sprühen (vor Unbefugten sichern).

Bei schlimmem Befall schneide ich die am schlimmsten befallenen Blätter ab und lasse so viele Blätter stehen, daß die Pflanze nicht allzusehr geschwächt ist (bei *Phalaenopsis* immer die drei jüngsten Blätter stehen lassen!).

Es empfiehlt sich, auch hier im Abstand von einer Woche noch einmal zu sprühen.

Schnecken

sind lästig, aber leicht zu entfernen. Schneckenbefall liegt dann vor, wenn über Nacht plötzlich eine *Paphiopedilum*blüte verschwunden ist, wenn halbkreisförmige Stücke aus Blättern fehlen, ein Blütentrieb oder eine frische Wurzel plötzlich verschwunden ist. Schnecken fressen auch mit Vorliebe Löcher in Bulben. Wenn man sie schließlich bemerkt, ist es manchmal schon zu spät.

Bei einer *Rossioglossum grande* habe ich mich einmal gewundert, warum sie in einem Jahr plötzlich mit der Blüte aussetzte, obwohl sie sonst ein äußerst zuverlässiger Blüher war, bis ich ein klitzekleines, flaches Schneckenhaus auf dem Substrat entdeckte. Die Schnecken sitzen oft im Substrat versteckt und kommen erst über Nacht heraus.

Am einfachsten ist eine nächtliche Inspektion der Pflanze und ein manuelles Absammeln der Schnecken. Es schaffen auch Gefäße mit Bier oder ausgehöhlte halbe Kartoffeln sofort Abhilfe, da sich die

Schnecken dort sammeln. 1 bis 2 Körner „Schneckenkorn" helfen schnell und zuverlässig, das Mittel ist allerdings nur für die Anwendung draußen zugelassen. Also sollte man es entweder nur im Sommer anwenden und die Pflanze draußen stehen lassen oder aber den Topf für mehrere Tage in einen unbewohnten Raum stellen, bis keine Gefahr mehr für die menschlichen Atemwege besteht. Herstellerhinweise beachten, Unbefugte fernhalten!

Ameisen

schädigen die Pflanzen nicht, sind aber äußerst lästig, insbesondere, wenn sie beschlossen haben, in einem Orchideentopf einen neuen Bau anzulegen und mit Königin dort einziehen.

Sie saugen gerne an den süßen tropfenförmigen Ausscheidungen mancher Orchideen, wie z. B. Cattleyen. Wer sowieso um das Haus herum viel mit Ameisen zu tun hat, sollte von außen an Fensterbank und Hauswand (sie kommen auch durchs Fundament!) Blattanexspray sprühen (Gebrauchsanweisung beachten und vor Unbefugten sichern). Dieses effektive Mittel ist nicht ganz billig, aber die Anschaffung lohnt sich: Es hält 3 bis 4 Monate vor, und damit ist dann meist der Sommer schon vorüber.

Bei einem Ameisennest im Orchideentopf hilft nur eins: draußen umtopfen und die Pflanze mit Wurzeln 15 Minuten lang in einen Eimer mit lauwarmem Wasser stellen, dem ein wirkungsvolles Schädlingsbekämpfungsmittel zugefügt wurde, bis alle Ameisen und alle Larven ausgeschwemmt worden sind. Danach Wurzeln mit der Gießkanne handwarm abspülen und die Pflanze in frisches Substrat topfen.

Trauermücken

sind kleine Mücken, die im Substrat brüten und wohnen und beim Gießen auffliegen. Ihre Larven schädigen die Wurzeln der Orchideen. Dagegen helfen ganz ungiftige gelbe Leimtafeln, die über mehrere Wochen in den Topf gesteckt werden. Wer da klebt, kann sich nicht mehr vermehren!

Springschwänze

sind kleine weiße Tierchen, die beim Gießen kurz über das Substrat hüpfen und gleich wieder im Substrat verschwinden oder sich auch gerne auf dem Boden des Übertopfes zwischen der Dränageschicht tummeln. Auch sie können die Wurzeln schädigen, aber nur bei einem sehr starken Befall. Bei Springschwänzen in der Dränageschicht im Übertopf hilft es, die Dränageschicht aus dem Übertopf zu entfernen, den Topf heiß mit Spülmittel auszuwaschen. Meist sitzen die Tierchen aber erst im Substrat und gelangen von dort aus in die Dränageschicht. Man kann dann entweder die Pflanze umtopfen oder diese ganz und gar austrocknen lassen. Der Pflanze schadet das in aller Regel nicht. Die Springschwänze dagegen benötigen zum Überleben stehende Nässe und sterben bei Trockenheit ab. Bei Befall des Substrates selber stand also die Pflanze über einen längeren Zeitraum zu feucht. Man sollte sein Gießverhalten darauf einstellen und dementsprechend weniger häufig gießen.

Wurzelläuse

sind kleine runde Läuse, die die Wurzeln befallen. Man entdeckt sie meist erst beim Umtopfen, nachdem man bemerkt hat, daß die Blätter der Orchidee schlapp herunterhängen. Dagegen hilft Gießen mit Spruzit. Siehe Hinweis im nächsten Absatz. (Achtung! Nicht jedes Herunterhängen der Blätter wird durch Wurzelläuse verursacht!) Generell gilt **bei allen Schädlingen im Substrat**, daß man **am besten umtopft.**

Grüne, rote und schwarze Läuse

verbreiten sich meist schnell. Sie kommen häufig von draußen, z. B. über Rosensträucher, ins Haus. Oft reicht es schon aus, die ganze Pflanze mit warmem Wasser abzuduschen. Falls die Läuse dann trotzdem wieder auftreten sollten, müßte man doch **Spruzit** sprühen. **Dieses Mittel ist sogar blütenverträglich.** Herstellerhinweise beachten, Unbefugte fernhalten! Falls sie Hibiskus oder Usambaraveilchen haben, überprüfen sie bei Läusebefall auch diese als mögliche Verursacher oder Blumensträuße aus dem Garten. Vermeiden Sie Durchzug. Er begünstigt die Verbreitung der Läuse.

Eine biologische Bekämpfung geschieht durch Räuberische Gallmücken *Aphidoletes aphidimyza* oder durch Florfliegen *Chrysopa carnea*.

Grundsätzlich ist ein Läusebefall besonders bei hohen Temperaturen und niedriger Luftfeuchtigkeit (Hochsommer, Heizungszeit) zu erwarten – das sind die Punkte, an denen vorbeugende Maßnahmen ansetzen können (z. B. indem man durch Übersprühen für höhere Luftfeuchtigkeit sorgt).

Wolläuse/Schmierläuse

sind weiß und wollig und für den Laien kaum voneinander zu unterscheiden. Sie sitzen gerne in der Lippe von Blüten oder an dem Teil des Blütenstengels, der der Blüte am nächsten ist. Auch sie saugen die Pflanze aus und bewirken manchmal ein „Verblühen über Nacht" (bei allen Blüten z. B. einer *Phalaenopsis* gleichzeitig). Ölhaltige Spritzmittel schaffen hier rasch Abhilfe gegen diese manchmal hartnäckige Plage.

Die biologische Bekämpfung geschieht durch den Einsatz von Australischen Marienkäfern *(Cryptolaemus montrouzieri)*.

Woll- und Schmierläuse sitzen auch gerne ungesehen auf den Bulben, die von sog. Niederblättern umgeben sind (z. B. bei Cattleyen). Vertrocknete Niederblätter sollte man deshalb ständig entfernen, um den Läusen keinen Schlupfwinkel zu bieten.

Tausendfüßler und Kellerasseln

schleichen sich ein, wenn man eine Orchidee den Sommer über draußen im Garten hatte. Es genügt, das Substrat 3 Tage vor dem ins Haus Holen mit Spruzitlösung (siehe Hinweis im Abschnitt Grüne und Schwarze Läuse) zu gießen oder umzutopfen. Auch der Einsatz von Schneckenkorn hat sich hier bewährt. Gegen Kellerasseln helfen ausgehöhlte Kartoffelhälften mit der Höhlung nach unten auf das Substrat gelegt.

Viren

können eigentlich nur definitiv vom zuständigen Pflanzenschutzamt festgestellt werden, da sehr langwierig erst Kulturen angelegt werden müssen.

Das „Gemeine" an Viren ist, daß sie über nicht steril gemachte Schneidegeräte oder aber über saugende Schädlinge (wie etwa Läuse) von einer Pflanze auf die andere übertragen werden können. Sie stecken über den Pflanzensaft an. Eine Pflanze kann von einem Virus befallen sein, ohne daß äußere Anzeichen dafür vorliegen. Das Beste ist hier die Vorbeugung, die darin besteht, daß man alle seine Schneidegeräte peinlichst genau desinfiziert, und zwar nach jedem Gebrauch, z. B. in einem Glas mit 70- bis 96%igem Alkohol (aus der Apotheke) oder mit einem anderen gebräuchlichen Desinfektionsmittel. Fachlichen Rat, Herstellerhinweise beachten, vor Unbefugten sichern!

Darum auch hier als Vorbeugung: Immer seine Pflanzen genau beobachten und bei Schädlingsbefall isolieren und behandeln.

Virus ist nun nicht gleich Virus. Es gibt ganz aggressive Viren, die ganze Gewächshäuserbestände vernichten. Diese sind aber sehr, sehr selten.

Virenbefall kann sich äußern durch gelbe oder schwarze Flecken oder Striche auf Blättern oder auch andersfarbige an Blüten sowie durch Mutationen. So kann zum Beispiel eine Blüte durch den Virusbefall eine doppelte Linie aufweisen.

Eine effektive Bekämpfung von Viren ist nicht möglich. Man kann alles, so gut es geht, mit z. B. Physan desinfizieren (nach fachlichem Rat bzw. Gebrauchsanweisung, Unbefugte fernhalten), damit gießen und mehrfach besprühen. Man kann auch die Pflanze isolieren und die befallenen Teile der Pflanze wegschneiden, da aber der Virus im Saft der Pflanze ist, kann es immer wieder zum Ausbruch des Virus kommen. Die meisten Orchideenzüchter raten deswegen, die befallene Pflanze wegzuwerfen, ja sogar zu verbrennen. Ähnliche Merkmale eines Befalls durch Viren werden zudem auch durch Schädlinge, Pilze oder Bakterien hervorgerufen, so daß oft mehrere befragte Experten zu unterschiedlichen Diagnosen bei ein und derselben Pflanze kommen.

Bakterien

sind genau wie Pilze in der Luft, und (wodurch auch immer) geschwächte Pflanzen sind dafür anfällig. Sie äußern sich in gelben, braunen oder schwarzen unregelmäßigen Flecken, die sich feucht anfühlen oder gar matschig, unangenehm riechen, sich rasch ausbreiten und schnell das Pflanzengewebe einsacken lassen. Auch sie sind meist nur vom Fachmann feststellbar.

Ist eine Pflanze bereits von Bakterien befallen, schneide ich rigoros und großzügig die betreffenden Stellen oder das Blatt ab und bestäube die Schnittstellen mit Holzkohlepuder.

Teilweise wird die Behandlung mit Physan empfohlen, aber Fachleute raten davon ab, weil es sich um einen Wachstumshemmer handelt, der auch auf die Pflanze selber wirkt – diese kann über Jahre stagnieren oder gar eingehen.

Pilze

können im Boden, auf der Substratoberfläche und auf allen Teilen der Pflanze selbst auftreten. Meist auch nur, wenn die Pflanze gestreßt ist durch falsche Pflege, zuviel Sonne, zu langes Blühen oder Schädlinge.

Sie äußern sich in braunen/gelben/schwarzen Flecken an Bulben, Blättern oder Blüten. **Kreisrunde, gelbe Flecken** an Wurzeln und Blättern können (unter anderen Ursachen) auch durch *Colletotrichum*, einen Pilz, verursacht werden und lassen sich am besten mit Pilzfrei-Saprol Neu (1 ml auf 1 l Sprühwasser) in der Ausbreitung stoppen (Herstellerhinweise beachten, vor Unbefugten sichern).

Die gelben Flecken allerdings bleiben als Schönheitsfehler.

Bei Pilzen und Bakterien gibt es auch eine alternative Bekämpfung. Ich habe bei beiden sehr gute Erfahrung mit **Aktivkohlepuder** gemacht.

Des weiteren hat **Knoblauchtee** eine stark antibakterielle und keimabtötende

Wirkung. Man zerdrückt eine Knoblauchzehe und preßt sie aus. Den Saft vermischt man mit einem Liter Wasser, kocht das Ganze kurz auf und läßt es anschließend vor der Anwendung erst erkalten. Mit diesem Gemisch übersprüht man die Blätter der ganzen befallenen Pflanze und gießt sie damit zusätzlich. Zur Vorbeugung reicht das Übersprühen mit Knoblauchtee. Achtung: Das ganze Haus riecht anschließend stark nach Knoblauch!

Pilze siedeln sich häufig dann an, wenn die Temperaturen zu niedrig bei zu hoher Luftfeuchtigkeit sind. Wenn man etwa im Winter in einem unbeheizten oder nur leicht beheiztem Zimmer jeden Tag die Orchideen übersprühen würde.

Schwarzfäule wird ebenfalls durch einen Pilz hervorgerufen. Ganz plötzlich werden kleine Neutriebe von *Cattleya* oder Paphiopedilen von einem Tag auf den anderen schwarz und matschig. Hier hilft nur ein beherzter Schnitt bis ins gesunde Gewebe und Holzkohlepulver an den Schnittstellen.

Gelbe, längliche Flecken können unter anderem auch durch einen Gefäßpilz namens *Fusarium oxysporum* verursacht werden. Auch dabei kollabiert das Zellgewebe an den befallenen Stellen. Die Bekämpfung dieses Pilzes empfinde ich als sehr schwierig. Es müssen **alle** befallenen Stellen abgeschnitten werden oder Schnittstellen und befallene Stellen mit Holzkohlepuder eingestäubt werden. Ein zusätzliches Sprühen mit „Pilzfrei Saprol Neu" nach Gebrauchsanweisung kann meiner Meinung nach nur von Vorteil sein. **Rostpilze** bilden oft rote oder rostfarbene Sporenlager unter den Blättern. Man sollte besser die befallenen Stellen abschneiden und mit Saprol sprühen (Herstellerhinweise beachten, Unbefugte fernhalten).

Bodenpilze oder Pilze im Substrat lassen sich umgehen, indem man immer seinem Substrat Holzkohlestückchen oder Holzkohlepuder beifügt oder die Pflanzen nach dem Umtopfen mit Previcur N angießt (nach Gebrauchsanweisung, Unbefugte fernhalten), sowie an den Wurzeln alle

Schnittstellen mit Holzkohlepuder bestäubt.

Pilze können auch **braune kreisrunde Flecken** hinterlassen oder **braune unförmige Flecken.** Eine genaue Diagnose ist für den Laien nahezu unmöglich. Hier hilft nur ein ausgebildeter Gärtnermeister, Orchideengärtner oder das Pflanzenschutzamt.

Effektive Mittel zur Pilzbekämpfung nennt man **Fungizide.** Es gibt Mittel zum Gießen und Mittel zum Sprühen oder zum Bestäuben: Pilzfrei Saprol Neu, Knoblauchtee, Holzkohlepuder usw. sind für Orchideen gut verträgliche Mittel gegen Pilzbefall. Diese Mittel sind für den Amateur in den meisten Fällen auch völlig ausreichend. Fachlichen Rat hinzuziehen, Herstellerhinweise beachten, vor Unbefugten sichern!

Desinfizierung von Töpfen, Arbeitsflächen und Schneidewerkzeugen

Die sicherste und schnellste Desinfizierung seiner Schneidegeräte erreicht man durch ein Eintauchen in mindestens 70%igen Alkohol (Apotheke), wonach man das Schneidewerkzeug mit einem Feuerzeug abflammt (vorher aber unbedingt das Gefäß mit dem Alkohol verschließen und fortstellen!). Alkohol alleine hat eine zu lange Einwirkzeit, und Feuer alleine zieht die Geräte zu sehr in Mitleidenschaft. Zur Desinfektion von Arbeitsflächen und Töpfen eignen sich Isopropylalkohol (aus der Apotheke) oder am einfachsten Softasept zum Sprühen (Apotheke). Das Desinfizieren muß sorgsam ausgeführt werden, nach Anleitung des Herstellers oder eines Fachmanns, und selbstverständlich müssen Unbefugte ferngehalten werden (Mittel gesichert aufbewahren).

Eine Warnung noch zum Umgang mit bereits vorher schon benutzten Holzstäben. Bei jedem Umtopfen oder nach dem Verblühen einer Pflanze, wenn der Holzstab entfernt wird, der den Blütenstengel gestützt hat, sollte man den Teil des Stabes mit einem Seitenschneider abkneifen, der im Erdreich gesteckt hat. Sonst riskiert man bei der nächsten Benutzung des Stabes eine Ansteckung mit Pilzen von einem Topf zum anderen.

Algen und Gerüche

lassen sich durch die üblichen Zusätze für Blumenvasen und Zimmertischspringbrunnen vermeiden, die außerdem Schnittblumen länger frischhalten – fachlichen Rat bzw. Herstellerhinweise beachten, Unbefugte fernhalten!

Noch ein **Hinweis zur Benutzung** von im Handel gebrauchsfertig zu erhaltenden **Spraydosen** mit Treibmitteln: Bitte immer den Sicherheitsabstand von 40 cm zur Pflanze einhalten, da es sonst zu Vereisungen an der Pflanze kommen kann!

Generell ist es immer sehr nützlich, wenn man sich in einem Gartenfachgeschäft eine sogenannte Neudorff-Fibel besorgt, so daß man sich informieren kann, welche Möglichkeiten zum Beispiel diese Firma zur Schädlingsbekämpfung bietet.

Wer bei biologischer Schädlingsbekämpfung Angst hat, anstatt mit den Schädlingen anschließend nun mit den Nützlingen sein Wohnzimmer zu bevölkern, sei hiermit getröstet: Nach Erledigung ihres Auftrages sterben die Nützlinge aus Nahrungsmangel ab.

Gießfehler und Kulturfehler

Die meisten Pflegefehler entstehen bei Orchideen durch falsches Gießen, und zwar zumeist nicht durch zu wenig, sondern **durch zu viel Wasser.** Wer zu stark gießt und für keine ausreichende Dränageschicht unter dem Topf sorgt, bewirkt Staunässe im Blumenübertopf. Die Orchideen bekommen nasse Füße, die Wurzeln faulen, die Blätter werden welk und fallen ab. Die Pflanze geht langsam ein. Vielleicht blüht sie noch bis zum Schluß, aber die Blüten sind nicht ein wahres Kennzeichen, ob es einer Pflanze gut geht, sondern ihre Wurzel- und Blätterbeschaffenheit.

Wurzelfäule

entsteht durch falsches Gießen oder Überdüngen. Hier helfen am besten Umtopfen, dicke Dränageschichten, insgesamt die Pflanze trockener zu halten und nur noch über die Blätter zu düngen.

Eine Versalzung

der Wurzeln ist das Ergebnis zu hoher Düngerkonzentrationen. Sie werden braun und können die Nährstoffe und das Wasser nicht mehr weitertransportieren. Auch hier gilt: umtopfen, das Wurzelwerk mehrfach mit klarem, warmem Wasser ausspülen, die völlig zerstörten Wurzeln abschneiden bis ins gesunde Wurzelgewebe und auf Blattdüngung beschränken.

Blattfäule

entsteht durch Pilze bei Staunässe in den Blattachseln (bei falschem Gießen oder falschem Sprühen). Die Blätter werden gelb oder braun und fallen ab. Hier hilft nur ein Abschneiden der befallenen Teile und Desinfektion durch Aktivkohlepuder.

Herzblattfäule

Über längere Zeit muß zuvor Wasser im Herzblatt gestanden haben, so daß es schließlich abfaulte. Eine so befallene Pflanze, beispielsweise eine *Phalaenopsis*, kann nach oben hin keine neuen Blätter mehr bekommen. Eine Chance hat sie, wenn man sie abtrocknen läßt, die verfaulten Stellen herausschneidet und (im Notfall auch mehrere Jahre) sorgsamst pflegt, so daß sie am Stamm neu austreibt. Vorbeugen kann man dadurch, daß man den Sprühwassernebel auf feinste Stufe einstellt und seine Orchideen nur ganz leicht übernebelt, im Topf nur auf das Substrat gießt (nie die Blätter) und bei Wasserstau in Herzblatt oder Blattachseln mit einem Kleenex- oder Küchentuch das Wasser absaugt.

Sonnenbrand

bekommen Orchideen in den Sommermonaten bei zu dichtem Stand am Fenster und/oder zu geringer Schattierung.

Sehr empfindlich sind vor allem *Phalaenopsis*. Die Blätter werden erst rötlich oder gelb. Die nächste Stufe sind weiße Brandflecke mit Gewebekollaps. Dann wird das Gewebe schwarz, wie verbranntes Pergament. Mit einer geht zumeist auch Pilzbefall an den verbrannten Stellen, da die Pflanze durch den Sonnenbrand empfindlich geschwächt ist. Vandeen und Cattleyen bekommen zunächst rote, punktförmige Pigmentstörungen durch zu intensive Sonnenbestrahlung, und erst dann kommt es zu Pilzbefall. Bei *Dendrobium phalaenopsis* verhält es sich ähnlich wie bei *Phalaenopsis*. Abhilfe schaffen kann man, indem man die verbrannten Teile der Pflanze abschneidet und die Pflanze spätestens von da an ordnungsgemäß schattiert oder aber einen dunkleren Standort für sie aussucht: etwa eine vom Fenster ein klein wenig entfernte Blumenbank, einen Blumenhocker, einen Tisch; man kann die Pflanze auch an ein Nordfenster stellen, bis sie etwas zu Kräften gekommen ist.

Wenn eine Pflanze über einen längeren Zeitraum als ein Jahr **keinen neuen Blütentrieb** hervorbringt, hat sie entweder einen meist zu warmen, selten auch einen zu kalten Standort, zu wenig Licht (Nordseite), oder man hat zur falschen Zeit umgetopft, und die Pflanze muß sich erst einmal erholen. Auch sollte man sehen, ob nicht vielleicht irgendein Schädlingsbefall vorliegt (z. B. Schnecken).

Auch wer umzieht, muß damit rechnen, daß bei der einen oder anderen Orchidee sich die Blütezeit verschieben kann. Natürlich kann auch ein anderer Pflegefehler der Grund sein, warum die Blüte bei einer Orchidee ausbleibt, wie etwa bei Überdüngung.

Knospenabfall

bei *Phalaenopsis* ist außer bei einem Standort am Südfenster in der lichtarmen Jahreszeit vorprogrammiert.

Er ist sozusagen artspezifisch und wird durch Lichtmangel hervorgerufen. Knospenabfall kann auch durch Äpfel in der Nähe von Orchideen hervorgerufen werden, da Äpfel, aber auch andere Obstarten, Äthylengas produzieren. Eine defekte Gasleitung hat dieselbe Auswirkung. Knospen verkrüppeln und fallen ab auch bei Befall durch Thrips.

Wenn Knospen sich nicht öffnen wollen, liegt der Fehler meist im Substrat- und Wurzelbereich. Es kann aber auch daran liegen, daß die Temperaturen zu niedrig sind. Mangelnde Luftfeuchtigkeit wirkt sich ähnlich aus.

Eintrocknen, Steckenbleiben oder Verfaulen von Blattscheiden

Bei *Paphiopedilum* ist dies ein Pflegefehler, der durch zuviel Feuchtigkeit (zuviel Gießen oder Sprühen) während der Knospenausbildung verursacht wird. Die Pflanze stand allgemein zu naß. *Paphiopedilum* in Knospe, bitte, wenn überhaupt nur ganz sacht sprühnebeln.

Eine ausdrückliche Warnung sei noch ausgesprochen vor einer **mangelnden Luftbewegung oder schlechter Belüftung,** etwa durch zu dichten Stand der Pflanzen oder durch falsches Lüften bedingt. Mangelnde Luftbewegung begünstigt die Verbreitung von Pilzen, Viren und Bakterien. Man sollte täglich in den Räumen, in denen man Orchideen hält, für frischen Luftaustausch sorgen. Fenster oder Türen weit öffnen. Wer hat, kann auch nach dem Lüften einen kleinen Standventilator anschalten, um die Frischluft im Zimmer besser zu verteilen. Besonders wichtig ist die frische Luft nach dem Gießen oder Übersprühen der Pflanzen.

Geburtshilfe bei Cattleyen ist hin und wieder notwendig.

Um es den Knospen etwas leichter zu machen, kann die Blattscheide mit einer Schere oder einem Messer geöffnet werden. Die Knospe kann sich dann unbeschadet und ohne Anstrengung entfalten, und die Knospen bekommen so genügend Frischluft. Bitte nur das oberste Drittel der Blattscheide abschneiden, da sie dem Blütenstengel als Stütze dient und besser Halt gibt, als man durch Aufbinden erreichen kann. Wenn man die Blattscheide gegen das Licht hält, kann man genau sehen, bis wo die Knospe in der Blattscheide reicht. So kann man vermeiden, sie beim Schnitt zu verletzen.

Tröpfchenausscheidungen an Blattunterseiten

Bei Cattleyen und deren Mehrgattungshybriden ist Tröpfchenausscheidung am Blütenstengel artspezifisch. An der Blattunterseite bei *Phalaenopsis* ist es jedoch ein Anzeichen, daß irgend etwas mit der Pflanze nicht stimmt. Meist liegt Befall durch Schildläuse, Thrips oder andere saugende Insekten vor. Möglich ist auch Streß durch falsche Behandlung oder zu langes Blühen etc. Eine weitere Möglichkeit, gerade, was *Phalaenopsis* angeht, ist ein zu großer Unterschied zwischen den Tag- und Nachttemperaturen. Es empfiehlt sich bei Tröpfchenbildung bei *Phalaenopsis*, die Pflanze mit Wasser einfach abzuwaschen und abzuwarten, ob irgendwelche Anzeichen von Schädlingsbefall vorliegen. Vorsicht: Im Sommer werden durch die süßen Tröpfchenausscheidungen auch Ameisen angezogen.

Auch Überdüngung kann ein Grund für derartige Tröpfchenausscheidungen sein.

Vermehrung von Orchideen

Die wohl gebräuchlichste Art der Vermehrung, die die meisten Orchideengärtnereien anwenden, ist die Vermehrung **durch Sämlinge.** Für den privaten Orchideenliebhaber ist sie zu aufwendig, deswegen nur eine kurze Erklärung: Pflanzen werden untereinander gekreuzt, indem man den Pollen einer Pflanze auf einen Stempel einer anderen Pflanze unterschiedlicher Art überträgt. Man läßt die sich so bildende Samenkapsel reifen. Die Dauer der Reife ist von Gattung zu Gattung sehr unterschiedlich. In Orchideengärtnereien nimmt man eine unreife Samenkapsel, die noch geschlossen ist und den Vorteil hat, daß sie innen noch steril ist. Dann macht man sie auch von außen steril, öffnet die Kapsel und legt die Samen **„auf Flasche".** Dies geschieht unter sterilen Bedingungen im Labor. Mehrere Jahre lang müssen die Sämlinge von Flasche zu Flasche umziehen, bevor sie pikiert werden und ins „Babyhaus" kommen, in dem besonders hohe Luftfeuchtigkeit und höhere Temperaturen herrschen.

Bei *Phalaenopsis* beträgt die Zeit von der ersten Flasche bis zur ersten Blütenbildung mindestens 5 bis 6 Jahre! Bei *Cattleya* dauert es sogar 7 bis 8 Jahre, bei Frauenschuhen 6 bis 12 Jahre, je nach Sorte, und bei Vandeen über 15 Jahre. Hierdurch wird klar, wie die hohen Verkaufspreise bei Orchideen zustande kommen.

Meristemvermehrung und Klonen

Auch diese Art der Vermehrung wird in Orchideengärtnereien angewandt. Sie ist noch aufwendiger als das Ziehen von Jungpflanzen aus Sämlingen. Aber sie bietet noch ganz andere Möglichkeiten, nämlich das „Klonen" – die Erzeugung von Pflanzen, die in den erblichen Eigenschaften genau gleich sind.

Bei der Meristemvermehrung entnimmt man einen Teil des Meristems einer Pflanze (Meristem = „Bildungsgewebe" aus jungen Zellen mit starker Teilungsfähigkeit), d. h. die Spitze einer neuen Bulbe oder eines Blütentriebes. Dieses Stückchen wird im Labor in viele kleine Teile zerschnitten, die unter sterilen Bedingungen in eine Nährlösung in Glasbehälter gegeben werden. Diese sitzen auf einer Drehvorrichtung, die sich kontinuierlich dreht. Dadurch erreicht man überall eine ständige Zellteilung, denn die Pflanzenteile verlieren durch das Drehen die Orientierung und wissen nicht mehr, wo oben und unten ist, können also nicht mehr bevorzugt in eine bestimmte Richtung wachsen.

Nach späterem Umlegen in Flaschen auf festes Nährmedium bilden die Zellen dann nach oben Blätter und nach unten Wurzeln. So entstehen daraus eigenständige neue Pflanzen. Es sind „Meriklone", meristemvermehrte Klone, die in allen Erbanlagen, also auch in Blütengröße, Blütenform und Duft der Mutterpflanze genau gleichen.

Bei einer Vermehrung aus Sämlingen kann man sich hinsichtlich der endgültigen Blütenfarbe nie sicher sein, da die so gezogenen Pflanzen „streuen", denn durch Neukombination der Erbanlagen nach der Bestäubung können neue Eigenschaften entstanden sein.

Für den privaten Orchideenliebhaber sind die beiden bisher erläuterten Arten der Vermehrung mit zuviel Umstand und Kosten verbunden. Also wird er sich mit den folgenden Arten der **Vegetativen Vermehrung** zufrieden geben müssen.

Vermehrung von monopodialen Orchideen

Monopodiale Orchideen wachsen aus einem „Fuß" vorwiegend in die Höhe (verstärktes Wachstum des Muttersprosses).

Kindel bilden sich bei verschiedenen Orchideenarten am Blütenstengel, bzw. am Stamm. Z. B. treiben manche *Phalaenopsis*hybriden oder manche botanische Arten in den langen hellen Sommertagen statt eines Seitentriebes eine neue kleine Pflanze mit Luftwurzeln aus: ein Kindel, auch Adventivpflänzchen oder Keiki genannt. Dieses läßt man ein Jahr oder länger am Blütenstengel wachsen – die Blätter müssen eine vernünftige Größe haben, die Wurzeln sollen etwa 4 cm lang sein. Man schneidet das Kindel dann mit einem mindestens 10 cm langen Stengelstück zusammen ab und setzt es in Orchideen-„Babyerde". Nach einem halben Jahr wird beim nächsten Umtopfen der alte Blütenstengel abgedreht.

Bei manchen Orchideen bilden sich Kindel auch nur nach Pflegefehlern, wie z. B. bei zu warm gehaltenen *Dendrobium nobile* (dies ist allerdings keine monopodiale Orchidee). Von Erscheinen des Kindels am Stengel bis zur ersten Blütentriebbildung am Kindel vergehen mindestens 8 Monate und dann noch einmal 3 bis 4 Monate, bis das Kindel blüht. Also dauert es insgesamt ungefähr 1 Jahr von der Kindelbildung bis zum Blühen des Kindels. Dies ist eine frühestmögliche Zeitangabe, es kann auch

2 oder 3 Jahre dauern, etwa bei Dendrobien oder Epidendren. Dabei gehe ich von Erfahrungswerten aus, die an den Kindeln gewonnen wurden, die ich bisher gezogen habe.

Kindel kann man auch künstlich mit **Keiki-Fix-Paste** hervorrufen. Diese Paste enthält ein Schwangerschaftshormon und wird auf die ruhenden Augen bei *Phalaenopsis* im Abstand von mehreren Tagen mehrfach aufgetragen.

Die Paste hat den Nachteil, daß sie sehr teuer ist und der Erfolg dazu noch ausbleibt, wenn man Hybriden erwischt, die das nicht mit sich machen lassen. Aber auch sonst liegt die Erfolgsquote doch recht niedrig (bei 50 bis 70 %).

Vermehrung sympodialer Orchideen

Sympodiale Orchideen sind Orchideen mit **mehreren** „Füßen", nämlich Pseudobulben, die durch ein Rhizom (einen Wurzelsproß) in die Breite wachsen (verstärktes Wachstum der obersten Seitensprosse), wie zum Beispiel Dendrobien oder Cymbidien. (Monopodiale Orchideen sind solche, die nur in die Höhe wachsen und eben auf **einem** Fuß stehen, wie z. B. *Phalaenopsis.*)

Sympodiale Orchideen vermehrt man durch Teilung. Dabei ist wichtig, daß jede geteilte Pflanze pro Topf mindestens drei Pseudobulben behält oder besser noch mehr. Sonst dauert es zu lange, bis die Pflanze wieder blüht.

Stecklinge kann man z. B. von bewurzelten Epidendrenteilstücken oder deren Kopfstücken machen. Bei Vandeen (die Monopedial sind!) lassen sich Kopfstecklinge abtrennen, auch da vorausgesetzt, sie sind ausreichend bewurzelt.

Ab dem Frühjahr kann man auch Stecklinge von *Haemaria (Ludisia) discolor* nehmen. Es eignen sich insbesondere Stücke, wo an einem Stammstückchen schon der Durchbruch eines neuen Austriebes erfolgt ist. Auf diese Art gewonnene „Stecklinge" können schon nach Ablauf eines Jahres selber wieder blühen.

Eine weitere Möglichkeit der vegetativen Vermehrung bei sympodialen Orchideen ist die Vermehrung durch **Rückbulben.** Dabei teilt man im Falle der Calanthen nur eine einzige, alte Bulbe, bei allen anderen sympodialen Orchideen mindestens 3 bis 4 Bulben ab und pflanzt sie neu ein.

Bei Cattleyen bewirkt ein Einschnitt im Rhizom eine Rückbulbung oder einen Neuaustrieb an der dahinterliegenden Bulbe. Nach dem Neuaustrieb kann man die Pflanze dann teilen.

Behandlung von Orchideen nach der Blüte

Viele Orchideen stammen aus Gebieten mit extremen klimatischen Bedingungen. Dort wechseln sich Regenzeiten mit ausgesprochenen Dürreperioden ab.

Andere Pflanzen stammen aus Gebieten, in denen die Temperaturen das ganze Jahr über verhältnismäßig konstant sind.

Wie eine Orchidee nach der Blüte zu behandeln ist, ergibt sich aus den klimatischen Bedingungen der Heimat ihrer Vorfahren oder, bei Hybriden, der jeweiligen Elternteile.

Die meisten Orchideen lieben es nach der Blüte ein bißchen trockener und ein paar Grad kälter. Einige werden das ganze Jahr gleich gegossen und gedüngt. Noch andere machen ausgeprägte Ruhezeiten durch, in denen das Gießen weitgehend oder aber ganz eingestellt wird, das Düngen ebenfalls, wobei die Pflanzen trotzdem viel Licht brauchen. Solche Pflanzen benötigen oftmals auch große Temperaturunterschiede von Tag- und Nachttemperaturen zur Blüteninduktion und nach der Blüte. Wer diese Ruheperioden nicht einhält, wird solche Pflanzen nicht wieder zum Blühen bekommen. Das beste, man erkundigt sich beim Kauf einer Pflanze nach den genauen Kulturbedingungen.

Phalaenopsis hat keine besonders ausgeprägte Ruhezeit nach der Blüte, aber auch sie hat Phasen, in denen sie langsamer wächst.

Das ist in der Regel dann, wenn das neue Herzblatt mindestens so groß oder größer als das Blatt vom Vorjahr geworden ist.

Phalaenopsis werden das Jahr über gleichmäßig gegossen und gedüngt. Das nennt man „durchkultivieren". Wenn eine *Phalaenopsis* verblüht ist, schneidet man den Blütenstengel entweder über dem dritten ruhenden Auge von unten ab, oder nach der untersten verblühten Blüte. Manchmal wachsen die alten Blütenstengel noch vor dem Verblühen weiter nach vorne und bekommen neue Knospen. Dann schneidet man natürlich den Stengel nicht ab. Sobald man merken sollte, daß der alte Blütenstengel gelb wird und eintrocknet, sollte man ihn bis 2 cm über dem Stamm abschneiden, da man so den Stamm nicht verletzt und der Blütenstengel nach dem Eintrocknen ja nicht mehr neu austreiben kann.

Wenn man *Phalaenopsis* nach dem Verblühen 8 Wochen bei 16 bis 18 °C hält, treibt sie in dieser Zeit zumindest einen neuen Seitentrieb, manchmal sogar einen neuen Blütentrieb aus.

Nicht abgeschnitten werden die ausgeblühten Blütenstengel von Naturformen von *Phalaenopsis* (z. B. *Phal. equestris, Phal. lueddemanniana* var. *hieroglyphica, Phal. mannii, Phal. violacea, Phal. lueddemanniana, Phal. gigantea* etc.). Sie treiben im nächsten Jahr zugleich mit dem neuen Trieb auch aus den alten Trieben wieder neu aus. Das tun auch zum Beispiel *Oncidium papilio* und *Oncidium kramerianum*.

Andere Orchideen haben ganz ausgeprägte Ruheperioden, bei denen die Nachttemperaturen gesenkt werden und/oder das Gießen teilweise oder ganz eingestellt werden muß. Orchideen dürfen während der Ruhepause auch nicht gedüngt werden. Orchideen mit ausgeprägten Ruhephasen sind z. B.: *Dendrobium nobile, Coelogyne cristata,* manche Cattleyen, Calanthen etc. Viele Orchideen mit Bulben machen so eine Ruhephase durch. Sie sind durch ihren Bau auch dazu besonders angepaßt. Eine Bulbe ist ein hervorragendes Speicherorgan für Wasser und Nährstoffe, mit dem diese Orchideen in ihrem Ursprungsland längere Trockenperioden überbrücken können.

Eine Temperaturabsenkung in der Nacht erreicht man am besten durch eine Übersommerung der Pflanze draußen bis Ende September (Pleionen und manche andere Gattungen sogar bis kurz vor dem ersten Nachtfrost). Es reicht aber auch bei den meisten dieser Orchideen, wenn sie über die Dauer von 8 Wochen 4 bis 8 °C kälter gestellt werden, etwa im September und Oktober.

Man kann Kalthaus-Pflanzen auch den Winter über in einen hellen, aber unbeheizten Raum oder Wintergarten stellen.

Pleione überwintert man im Gemüsefach des Kühlschrankes oder im Keller.

Laubabwerfende **Calanthen** sollten nach der Blüte geteilt und einzeln eingetopft werden, da die Wurzeln der alten Bulben sich leicht zersetzen. Danach müssen sie völlig trocken gehalten werden. Man kann sie entweder in einen dunklen Keller stellen oder unter einen Tisch, bis sich die neuen Bulben an dem Fuß der alten Bulbe zeigen.

Zeigen sich nun die neuen Triebe der Bulben, kann man wieder vorsichtig gießen und düngen, wobei darauf zu achten ist, daß der Neutrieb kein Wasser abbekommt, da er sonst wegfault.

Auf keinen Fall sollte man Calanthen übersprühen. Die Blätter und Neutriebe sind diesbezüglich sehr empfindlich.

Im Herbst werden sich bei den laubabwerfenden Calanthen die Blätter hellgelb und dann schließlich braun verfärben und abfallen. Wenn die Blätter braun sind, können sie auch getrost abgeschnitten werden, aber bitte nicht vorher! Die Reserven der Blätter sind nämlich erst mit Braunwerden der Blätter in der Bulbe gespeichert. Das ist der Zeitpunkt, an dem das Düngen ganz eingestellt werden muß,

da ohne die Blätter der Dünger nicht mehr von der Pflanze verarbeitet werden kann. Meist zeigen sich mit Verfärbung der Blätter auch zugleich der oder die neuen Blütentriebe am Fuß der neuen Bulbe. Von da an wird wieder gegossen und gedüngt, aber in langsamer Steigerung. Zeigt sich zu diesem Zeitpunkt kein Blütenstengel am Fuß der Bulbe, ist die neue Bulbe zu schwach und bringt keinen Blütentrieb in diesem Jahr hervor.

Auch bei **Rossioglossum grande** und bei **Lycaste aromatica** verringert man über einen Zeitraum die Wasserzufuhr, und zwar nach Ausreifung der Bulben. Ganz darf man das Gießen hier nicht einstellen, da die Bulben nicht austrocknen und nicht schrumpfen dürfen (anders **Dendrobium nobile,** die durch Schrumpfen der Bulben erst richtig mit der Blütenbildung in Gang kommt). Reduzierte Wassergaben und vor allem Absenkung der Temperatur führen schließlich zur Blüteninduktion (regen die Blütenbildung an).

Bekommt eine Orchidee länger als ein Jahr keinen neuen Blütentrieb, kann es daran liegen, daß die Pflanze hoffnungslos überdüngt oder aber totgegossen worden ist und nun keine lebenden Wurzeln im Substrat vorhanden sind, daß die Ruhephase nicht eingehalten worden ist, oder aber die Pflanze hatte einen falschen, meist zu warmen oder auch zu dunklen Standort.

Vielleicht ist sie aber auch zur falschen Zeit umgetopft worden, oder Schnecken haben die Blütentriebe weggefressen. Vielleicht sitzen auch Schädlinge im Wurzelwerk.

Möglich ist auch, daß die Pflanze durch Kultur- und Pflegefehler zu langsam gewachsen und so zum falschen Zeitpunkt ausgereift ist (bei sympodialen Orchideen), so daß die Blüteninduktion ausblieb.

Es gilt dann sorgsam all diese Möglichkeiten durchzugehen und eine nach dem anderen auszuschalten. Das kann unter Umständen auch ein bis mehrere Jahre dauern. Am besten, man zeigt so eine Pflanze einem Orchideenzüchter und läßt sich beraten.

Blühdauer

Die Blühdauer ist gattungs- und artenbedingt und variiert deswegen stark. Sie hängt natürlich auch von dem Gesundheits- oder Pflegezustand der Pflanze und der Temperatur des Standortes ab. Leider bedeuten auch die Angaben in den Orchideenbüchern über den **Zeitpunkt** und die **Dauer der Blüte** nicht, daß es sich bei Ihren Orchideen zu Hause genauso verhält.

Grob gesprochen kann man alle Orchideen in Frühjahrs-, Sommer-, Herbst- und Winterblüher einteilen. In der Regel halten sich die Orchideen auch zu Hause auf der Fensterbank an diese ungefähren Zeiten, nachdem sie sich erst einmal an ihren Standort gewöhnt haben.

Wenn eine Orchidee in ihrem Ursprungsland – sofern es auf der Nordhalbkugel liegt – immer im September blühte, kann sie das auch bei Ihnen zu Hause tun, muß es aber nicht zwangsläufig, denn der Unterschied zwischen Dschungel oder Hochebene und Fensterbank ist doch ein ganz gewaltiger. Frischimporte von der Südhalbkugel (z. B. Brasilien) brauchen eine Umstellungszeit, sie werden mindestens ein halbes Jahr lang nicht blühen.

Meiner Erfahrung nach blühen alle meine Orchideen um ein vielfaches länger als in den Büchern angegeben, und zumeist trafen die Blütezeitangaben nur recht vage, wenn überhaupt zu.

Eine frisch dazugekaufte Pflanze braucht in der Regel auch eine Umgewöhnungszeit, um sich an den neuen Standort und die veränderten Kulturbedingungen zu gewöhnen. Sie wird vielleicht wohl blühen und auch wachsen, aber an den neuen Standort wird sie sich erst nach 2 Jahren gewöhnt haben.

Die folgenden Angaben beruhen auf Beobachtungen meiner Orchideen auf der Fensterbank.

Phalaenopsis: Ganzjährig ist eine Blüte möglich. Jedoch zwischen September und November treibt ein Großteil meines *Phalaenopsis*bestandes Blütentriebe aus und kommt zwischen Dezember und März zur Blüte. In Orchideenbüchern wird die Blühdauer von *Phalaenopsis* mit 2 bis 3 Monaten angegeben. Meine eigenen Erfahrungswerte und auch die von auf *Phalaenopsis* spezialisierten Orchideengärtnereien liegen bei niedrigstenfalls 2 bis 3 Monaten, ansonsten sind es mindestens 4 Monate und oft auch zwischen 7 und 12 Monaten Dauerblühens, gerechnet von der Öffnung der ersten Blüte an bis zum Verblühen der letzten Blüte. *Phalaenopsis* treibt bei guter Pflege nacheinander 1 bis 2 Blütenstengel pro Jahr. Manche Hybriden oder Naturformen auch 3 bis 4 Blütenrispen gleichzeitig. Zudem treiben *Phalaenopsis* pro Stengel aus den alten Trieben ein bis mehrere Seitentriebe aus den ruhenden Augen. Dadurch kann eine *Phalaenopsis* unter Umständen auch mehrere Jahre hintereinander dauerblühen. Es gibt Pflanzen, die sich dabei auch „totblühen" können!

Paphiopedilum: Auch hier variiert die Blühdauer je nach Art oder Hybride. Die einzelne Blüte hält 1 bis 4 Monate lang, über Winter meist länger. *Paphiopedilum primulinum*, ein „Revolverblüher", der mehrere Blüten hintereinander an einem Blütenstengel hervorbringt, blühte bei mir pro Stengel zumeist 14 bis 15 Monate lang! Danach ist dann allerdings erst wieder so lange Ruhepause, bis der neue Blättertrieb voll ausgereift ist.

Das kann mindestens ein Jahr dauern.

Cymbidium: Bei *Cymbidium* hängt die Dauer der Blütezeit vor allem von der Temperatur ab. Cymbidien müssen, wenn sie in Knospe sind, kälter stehen als 14 °C, sonst kann es sein, daß die Knospen abfallen. Auch während der Blüte werden von den meisten gebräuchlichen Formen kühlere Temperaturen vorgezogen. Ideal ist ein Wintergarten, zumal viele Cymbidien sehr groß und breit werden. Die meisten im Handel erhältlichen Cymbidien einschließlich Hybriden stammen aus kühlen Berggebieten, bzw. sind sie davon geprägt. Natürlich gibt es auch wärmeliebende Arten (aus wärmeren Gebieten), doch sind diese kaum im Handel, und bei der Hybridisation haben sie kaum Spuren hinterlassen.

Mini-Cymbidien sind in der Regel viel platzsparender und leichter wieder zur Blüte zu bringen. Die Blütezeit beträgt zwischen 3 und 8 Wochen.

Cattleya: Bei großblütigen Cattleyen halten die Blüten meist nur 3 Wochen; bei Mehrgattungshybriden bis zu 4 Monaten. Günstig ist, wenn eine *Cattleya* 2 Blütenstengel an verschiedenen Bulben bekommt, die nacheinander aufgehen, denn so hat man natürlich viel länger etwas von der Blütenpracht.

Pleione: Bei kühlen Temperaturen draußen, kurz über dem Gefrierpunkt, halten die Blüten 8 Wochen lang. Blütezeit ist zumeist Januar bis Februar, je nachdem wann ihr Kühlschrankaufenthalt liegt. Aber auch im Haus bei 20 bis 21 °C dürften die Blüten 6 Wochen halten.

P. maculata und *P. praecox* blühen im Herbst, alle anderen im Frühjahr.

Rossioglossum grande (Odontoglossum grande) blühte bei mir zuverlässig immer im Herbst, meist im September/Oktober.

Die Blühdauer beträgt 3 bis 4 Wochen pro Blütenstiel. Auch hier gilt, daß sich die Blüten bei 16 °C natürlich besser halten als bei 22 °C im Wohnzimmer.

Dendrobium phalaenopsis blühen pro Stengel ca. 3 Monate.

Bei 2 Stengeln, die hintereinander zur Blüte kommen, kann die Blühdauer auch 6 bis 7 Monate betragen, und das zweimal pro Jahr. Voraussetzung sind eher warme Temperaturen.

Dendrobium minax/antennatum (Antilopenorchidee) blüht mit zwei Blütentrieben hintereinander 6 bis 12 Monate.

Dendrobium nobile blüht ca 6 bis 8 Wochen, eigentlich im Winter und/oder im Frühjahr. Wer diese Pflanzen zweimal im Jahr für mehrere Wochen um 10 °C halten

kann, wird auch zwei Blütezeiten pro Jahr erreichen (wobei die Sommerblüte deutlich schwächer ausfällt). Viele *Dendrobium nobile* blühen bei mir zweimal im Jahr, da sie den Sommer draußen verbringen, was für wechselwarm zu kultivierende Dendrobien genau richtig ist. Wichtig ist hier, daß nach Ausreifen der neuen Bulben das Gießen ca. 6 Wochen stark eingeschränkt wird, bis die Bulben anfangen zu schrumpfen. Im Herbst holt man die Pflanzen ins Haus, stellt sie so hell wie möglich und steigert langsam Gießen und Düngen. Bei zu warmen Temperaturen blüht *Dendrobium nobile* nicht, sondern treibt Adventivpflänzchen anstatt von Blüten. Diese Kindel kann man, nachdem sich Wurzeln gebildet haben, abnehmen und einpflanzen.

Ludisia discolor (Syn. *Haemaria discolor*) blüht ab Dezember bis Februar ca. 8 Wochen lang. Meine größte Pflanze brachte es auf weit über zwanzig Blütentriebe. *Ludisia discolor* wird nach der Blüte bis unter die Blätter ganz abgeschnitten und treibt jedes Jahr aus den Stammstücken neu aus.

Coelogyne cristata hält ihre duftenden Blüten im frühen Frühjahr ca. 10 Wochen lang. Bei größeren Pflanzen mit z. B. 7 Blütentrieben bietet sich schon ein prachtvoller Anblick.

Epidendrum ibaguense blüht 5 bis 10 Monate lang ab meistens Dezember. *Encyclia* (Syn. *Epidendrum) fragrans* blüht dagegen nur 6 Wochen im Sommer.

Lycaste aromatica blüht immer ab Juni bis zum Spätsommer 6 Wochen lang.

Calanthen blühen ab Dezember bis Februar ca. 6 bis 9 Wochen je nach Stärke der Pflanze und Blütenanzahl.

Doritis pulcherrima blüht 4 bis 5 Monate ab Sommer oder Spätherbst.

Miltonien können 2½ bis 4 Monate lang blühen. Die Blüten sind aber sehr empfindlich gegen Sprühwasser, genau wie die Neutriebe.

Vandeen blühen 5 bis 8 Wochen, manchmal noch länger.

Renanthopsis blüht ca. 3 Monate.

Bifrenaria harrisoniae blüht etwa 3 bis 4 Wochen, starker Maiglöckchenduft.

Bletilla striata blüht etwa 3 bis 4 Wochen lang.

*Doritaenopsis*hybriden halten ihre Blüten etwa 3 Monate lang.

Odontoglossum laeve blüht ca. 5 Wochen im Herbst und/oder Frühjahr.

Blütenanzahl

Die Blütenanzahl ist natürlich immer abhängig von Gattung, Art, Größe und Alter der Pflanze, aber auch von der Blütengröße und von den Bedingungen, unter denen die Pflanze gehalten wird. Die Art einer Pflanze legt fest, wie viele Blüten genetisch (aufgrund der Erbanlagen) möglich sind. Selbst eine *Cattleya guatemalensis* wird es nicht auf 180 Blüten bringen können, wie es bei einer *Epidendrum ibaguense* oder *radicans* mit nur zwei Blütenstengeln möglich ist.

Ein Erstblüher der Gattung *Phalaenopsis* wird zunächst maximal 1 bis 3 Blüten haben. Dieselbe Pflanze bekommt aber 5 Jahre später über 20 Blüten. (Um Mißverständnissen vorzubeugen: Dies ist als Beispiel gemeint, denn das alles ist natürlich art- bzw. sortenabhängig.)

Epidendrum ibaguense hält unter den von mir persönlich gepflegten Orchideen den Blütenrekord, was die Menge angeht. Bei nur zwei Blütenstengeln habe ich 180 Blüten gezählt, die allerdings nicht alle gleichzeitig blühen, sondern nacheinander aufgehen, jeweils 50 bis 60 auf einmal.

Eine meiner *Epidendrum ibaguense* hatte 9 Blütenstengel. Die Zahl der Blüten ist nur annähernd zu schätzen!

Phalaenopsis: Je nach Art und Alter kann eine Pflanze zwischen 1 und 50 Blüten haben. Eine *Phalaenopsis violacea* liegt dabei im untersten Bereich, *Phalaenopsis* Peppermint im obersten.

Die meisten *Phalaenopsis* haben immer nur einen blühenden Neutrieb. Es gibt aber auch Arten wie *Phal. lueddemanniana*, die mehrere Blütenstengel auf einmal treiben. Auch manche Hybriden erweisen sich als sehr blühwillig, wie z. B. einige gelbgrundige mit roter oder brauner Zeichnung, die bis zu drei neue Blütenstengel haben können. Naturformen blühen praktischerweise an den alten Blütenstengeln immer wieder neu mit.

Die Gattung **Paphiopedilum** trägt pro Stengel 1 bis 4 Blüten gleichzeitig, je nach Art der Pflanze. Es gibt von Natur aus Arten, die entweder ein- oder mehrblütig sind. Daneben gibt es die sogenannten Revolverblüher, die an einem Blütenstengel je nach Art bis zu 24 Blüten nacheinander hervorbringen.

Calanthe: Pro Stengel sind 20 bis 30 Blüten möglich, wenn sich die Pflanze den Sommer über kräftig und gut entwickelt hat.

Coelogyne cristata bringt pro Stengel 3 bis 7 Blüten hervor. Bei einer sehr gut blühenden Pflanze mit 7 Blütenstengeln können es 24 bis 28 Blüten sein!

Cattleyen: Je größer die Blüte, desto geringer ist die Blütenanzahl. Bei großblütigen Cattleyen hatte ich bis jetzt pro Pflanze jeweils 1 bis 4 Blüten pro Stengel *(Cattleya labiata)*. Andere, kleinblütigere Arten und Hybriden blühen pro Stengel auch mit 5, 10 oder auch 14 Blüten.

Cattleya guatemalensis hat etwas kleinere Blüten und kann bei zwei Blütentrieben über 20 Blüten gleichzeitig tragen.

Bei Sophrolaeliocattleyen findet man 1 bis 4 Blüten pro Stengel.

Dendrobien haben je nach Art 1 bis 3, um 10 oder wesentlich mehr Blüten pro Stengel. **Antilopendendrobien** und *Dendr. thyrsiflorum* erreichen bei mehreren Stengeln leicht über 70 Blüten auf einmal. *Dendr. nobile* und seine Hybriden haben in der Regel zwischen 10 und 25 Blüten pro Pflanze, bei guter Pflege auf der Fensterbank bis zu 70!

D. phalaenopsis trägt dagegen nur 3 bis 7 Blüten pro Stengel.

Die größten Blüten

haben zweifelsohne einige *Cattleya*arten. Mit einer Blütengröße von 18 bis 20 cm und zudem Blüten, die auch häufig noch wunderschön duften, liegen sie im Größenrekord der Blüten ganz oben, wenn man Phragmipedien und Paphiopedilen mit besonders langen Petalen nicht mitrechnet. Aber auch einige Hybriden von *Paphiopedilum* bringen beachtliche 12 bis 15 cm große Blüten hervor, manche amerikanische Hybriden sogar 20 bis 25 cm!

Bei *Phalaenopsis* liegen die oberen Werte der Blütendurchmesser bei einigen Hybriden um 12 bis 13 cm, selten auch 15 cm. *Dendrobium kingianum, Phalaenopsis equestris* und *Epidendrum ibaguense* haben dagegen nur eine Blütengröße zwischen 1 und 2 cm.

Je kleiner die Blüten, desto mehr Blüten kann eine Orchidee tragen. Je größer die Blüten, desto weniger.

Die Blüten können auf einem einzelnen Stengel stehen (z. B. *Paphiopedilum)*, in Trauben (z. B. *Dendrobium thyrsiflorum)* oder aber in Trauben oder Rispen wechselständig von einem Stengel (z. B. Oncidien).

Kreuzungen und Mehrgattungshybriden

Miteinander **kreuzen kann man** viele ähnliche und verwandte Arten mit gleichartiger Wuchsform, aber auch Vertreter unterschiedlicher Gattungen.

Etliche monopodiale Orchideen ähnlichen Aufbaus lassen sich untereinander kreuzen, ebenso zahlreiche sympodiale Orchideen ähnlicher Arten.

Warum man kreuzt?

Um die besten Eigenschaften mehrerer Arten oder Gattungen in einer neuen Pflanze, der „Hybride", zu vereinen. Man kann durch Einkreuzungen Blüten haltbarer machen, d. h. Blütezeiten verlängern.

Man kann dadurch Pflanzen züchten, die an unsere Temperaturen in den Häusern angepaßter sind und darum dort auch leichter zu kultivieren sind als manche Naturformen. Blüten können durch Kreuzungen größer, bunter, duftend und interessanter gemacht werden.

Gekreuzte Orchideen, oder überhaupt gekreuzte Pflanzen, nennt man **„Hybriden"**. Hier eine Auswahl an Mehrgattungshybriden mit ihren gängigen Abkürzungen in Klammern:

Sophrolaeliocattleya
= *Sophronitis* × *Laelia* × *Cattleya* (Slc.)

Brassolaeliocattleya
= *Brassavola* × *Laelia* × *Cattleya* (Blc.)

Vuylstekeara
= *Cochlioda* × *Miltonia* × *Odontoglossum* (in Blumengeschäften oft als „Cambria" bezeichnet und häufig wegen ihrer schönen, farbenprächtigen Blüten angeboten) (Vuyl.)

Asconopsis
= *Ascocentrum* × *Phalaenopsis* (Ascps.)

Vandaenopsis
= *Vanda* × *Phalaenopsis* (Vdnps.)

Ascocenda
= *Ascocentrum* × *Vanda* (Ascda.)

Doritaenopsis
= *Doritis* × *Phalaenopsis* (Dtps.)

Renanthopsis
= *Renanthera* × *Phalaenopsis* (Rnps.)

Epicattleya
= *Epidendrum* × *Cattleya* (Epc.)

Brassoepidendrum
= *Brassavola* × *Epidendrum* (Bepi.)

Potinara
= *Brassavola* × *Cattleya* × *Laelia* × *Sophronitis* (Pot.)

Wilsonara
= *Cochlioda* × *Odontoglossum* × *Oncidium* (Wils.)

Welche Orchideen duften?

- Duftende Orchideen entfalten ihren Duft erst 1 bis 3 Tage nach dem Aufblühen, ein paar Tage vor dem Verblühen hören sie auf zu duften.
- Sie duften intensiv vom späten Vormittag bis zum frühen Nachmittag. Davor und danach ist ihr Duft bei den meisten Gattungen und Arten kaum wahrnehmbar. Ausnahme: *Bifrenaria harrisoniae* duftet extrem stark nach Maiglöckchen unvermindert den ganzen Tag über. Manche Arten duften nur nachts.
- Viele Orchideen duften bei Sonnenschein stärker als bei Regenwetter.
- Keine Orchideenart duftet genau wie eine andere.

**Hier eine Auswahl
an duftenden Orchideen:**

Cattleya, **Naturformen und Hybriden:** z. B. *Cattleya dowiana*, *Cattleya* Sohma, *Cattleya guatemalensis*, *Cattleya bicolor*, *Cattleya elongata* und viele ihrer Hybriden duften honigsüß bis blumig.

Viele Sophrolaeliocattleyen duften, z. B. Slc. Riffe 'Brighton Farms'. Ebenso duften manche Brassolaeliocattleyen, z. B. Blc. Toshie Aoki 'Pizazz', Bc. Bangkok White, Lc. Leafwood Lane 'Willow Wind' × Blc. Ruben's Verde 'Green Lace'.

Dendrobium *nobile* + Hybriden. *Den. kingianum* hat einen sehr angenehmen, starken Blumenduft. *Den. arachnites* duftet leicht nach Zitrone. *Den. primulinum* 'Giganteum'.

Phalaenopsis First Light 'Star of Florida'.

Phalaenopsis gigantea + Hybriden (feiner Duft). *Phalaenopsis lueddemanniana* var. *hieroglyphica* (fein). *Phalaenopsis violacea*, *Phalaenopsis* Princess Kaiulani (*violacea* × *amboinensis*) duftet zitronenartig. *Phalaenopsis lueddemanniana*. *Phalaenopsis schilleriana* (fein).

Vanilla planifolia duftet nach Vanille.

Epidendrum fragrans hat einen vanilleartigen, eher sanften Duft. *Epidendrum nocturnum* duftet, wie der Name sagt, nachts. *Epidendrum difforme* duftet nach Zitronenschalen.

Chysis aurea. Lycaste aromatica (Vanilleduft).

Miltonien + Hybriden, sogar das Blattwerk duftet (aber sehr fein). *Miltonia schroederiana* duftet stark würzig. *Miltonia warscewiczii. Miltonia spectabilis* + var. *moreliana*.

Odontoglossum laeve. Angraecum sesquipedale.

Zygopetalum (z. B. Patrizia Eisenbeiß) füllt mit ihrem starken Blütenduft mit Leichtigkeit einen 13 m langen Raum aus.

Trichopilia tortilis.

Bifrenaria harrisoniae (duftet stark nach Maiglöckchen – andere Beschreibungen sagen: Zitrone – den ganzen Tag über).

Oncidium ornithorhynchum (Vanilleduft). *Oncidium* Sharry Baby 'Sweet Fragrance' (starker Vanilleduft).

Coelogyne cristata, *Coelogyne* ochracea, *Coelogyne* massangeana.

Anguloa clowesii (Tulpenorchidee).

Einige, doch nicht alle Formen von *Maxillaria, Aerides, Brassavola.*

Pleione formosana oder *bulbocoides* (fein).

Bletilla striata.

Encyclia vitellina × radiata; *Encyclia* cordigera × Orchid Jungle – beide mit süßem, schwerem Duft.

Kulturtips zu einzelnen Orchideengattungen und -arten

Viele Leute denken, man müsse alle Orchideen gleich behandeln, weil es eben „alles Orchideen" sind. Die Verschiedenartigkeit der Orchideen und die unterschiedlichen Ursprungsländer werden dabei nicht bedacht. Darum wird in diesem Kapitel deutlich dargestellt werden, welche unterschiedlichen Anforderungen in der Pflege Orchideen an den Liebhaber stellen.

Natürlich gibt es über diese Unterschiede hinaus auch viele grundsätzliche Gemeinsamkeiten, die für alle Orchideen gelten.

Dieses Kapitel soll dem Laien als praktischer Ratgeber zur Orchideenpflege dienen. Es ist dazu gedacht, bei Fragen immer wieder hier nachzuschlagen, als eine Soforthilfe, in der man sich noch einmal schnell auf einen Blick zu einer bestimmten Pflanze ausführlich informieren kann, ohne kreuz und quer durch das Buch blättern zu müssen.

Dieses Kapitel fordert nur eine Voraussetzung vom Leser: Er sollte den Namen der Orchidee kennen, über die er sich informieren möchte. Bei Unsicherheiten der Bestimmung einer Orchidee können vielleicht aber auch die Abbildungen zum Text mithelfen, eine dem Leser unbekannte Orchidee zumindest gattungsmäßig zu bestimmen.

Angraecum sesquipedale

Temperatur: Die Gattung *Angraecum* gehört in die Gruppe der warm zu haltenden Orchideen. Die Tagestemperaturen sollten zwischen 20 und 28 °C liegen, die Nachttemperaturen um 18 °C. Das Minimum an Temperatur ist in den Wintertagen 16 °C.

Standort: Ost- oder Westfenster sind ohne Einschränkung geeignet. Wer seine *Angraecum* an einer Südseite kultiviert, muß ab April bis September an Sonnentagen über die Mittagsstunden schattieren.

Eine helle Nordseite ohne Baumbewuchs vor dem Fenster ist zumindest über die lichtreichen Monate zu empfehlen.

Licht: Die Pflanze steht am liebsten halbschattig. Bei zu hellem Standort werden die zum Licht gewandten Seiten der Blätter gelb oder bekommen Sonnenbrand.

Substrat: Ein reines Rindensubstrat mit Agrofoam sorgt für gute Belüftung der Wurzeln und für ein schnelles Abtrocknen des Substrates.

Umtopfen: Auf jeden Fall sollte erst nach der Blüte umgetopft werden, wenn die Pflanze wieder anfängt zu wachsen. Das ist in aller Regel von Frühling bis Frühsommer.

Übersprühen: Nur über die Sommermonate sollte *Angraecum* übersprüht werden. Das Sprühwasser darf nicht in den Achseln stehenbleiben, da sonst die Blätter gelb werden und abfaulen. Wichtig ist auch das Übersprühen von Luftwurzeln, die eventuell aus dem Substrat herausragen.

Gießen: Bedingt durch das Rindensubstrat verbrauchen die Pflanzen vor allem während der Wachstumsphase viel Wasser. Man sollte ähnlich wie bei *Cattleya* reichlich gießen, bis das Wasser aus dem Topf herausläuft, danach aber vor dem nächsten Gießen wieder völlig abtrocknen lassen. Es begünstigt den Ansatz der Blütenbildung, wenn man im Herbst und Winter die Pflanzen etwas trockener hält und heller stellt (Südseite).

Düngen: Es empfiehlt sich, eine Düngung von ½ ml Flüssigdünger auf 1 l Gießwasser in zweiwöchigen Abständen von März bis November. Dazu sollte einmal in der Woche bis in den Herbst eine Düngung über das Blattwerk erfolgen.

Schädlinge: Die Blätter der *Angraecum* sind verhältnismäßig widerstandsfähig und werden nur selten von Schädlingen befallen.

Blütengröße: Der Blütendurchmesser beträgt in der Breite 15 bis 17 cm. Der dieser Art eigene, besonders lange Sporn ist 28 bis 30 cm lang.

Blütenanzahl: Der etwa 30 bis 40 cm lange Stengel trägt ein bis zwei auffällige Blüten, die dieser *Angraecum* den Namen „Stern von Bethlehem" eingebracht haben. Diese Art ist in Madagaskar heimisch und wird dort nur von einem bestimmten Nachtfalter bestäubt, dessen Rüssel genauso lang ist wie der Sporn an der Blüte.

Blütezeit: Entgegen ihrem volkstümlichen Namen blüht *Angraecum sesquipedale* nicht nur zu Weihnachten, sondern (bei mir) ebenso auch im Februar bis April. Sie blüht also während ihrer nicht allzu strengen Ruhezeit. Ab April bis September schließt sich die Wachstumsphase an.

Duft: Diese Art duftet recht zart, und ihr Duft entzieht sich jeder Beschreibung.

Blühdauer: Zumeist beträgt die Blühdauer zwischen 2 und 3 Wochen.

Tip: Auf keinen Fall sollte man die schöne Blüte (oder gar bereits schon die Knospen) mit den Händen berühren, da diese sich nach einer Berührung innerhalb der nächsten paar Tage an den berührten Stellen schwarz verfärben können! Das wäre sehr schade, da die *Angraecum sesquipedale* nur einmal im Jahr und dazu noch verhältnismäßig kurz blüht.

In manchen Büchern findet man diese Pflanze auch unter dem Namen *Macroplectrum sesquipedale*.

Nach dem Verblühen werden die Stengel bis kurz über dem Stamm abgeschnitten. Sobald die Pflanze sichtbar anfängt zu wachsen, können vorsichtig die Wassergaben gesteigert werden.

Kulturfehler: Bei Überdüngung versalzen die Wurzeln. Lieber einmal öfter das Substrat vollkommen und gründlich unter dem Wasserhahn durchspülen. Bei mangelnder Belüftung oder zu häufigem Übersprühen kommt es zu Pilzbefall oder Bakteriosen. Vor allem mit letzteren ist nicht zu spaßen, da der Befall rasch fortschreitet und befallene Blätter entfernt werden müssen. Das ist um so tragischer, als die Pflanzen vom Wachstum her sehr langsam sind.

Vermehrung: Man kann auch hier wie bei *Vanda* bei sehr großen und alten Pflanzen Kopfstecklinge abnehmen (nicht einfach durchzuführen, vom erfahrenen Liebhaber oder Fachmann zeigen lassen).

Aranda

Die *Aranda* ist eine Gattungshybride aus *Arachnis* × *Vanda*. Daher kann man sich in fast allen Punkten ihrer Pflege an denen für *Vanda* orientieren. Allerdings gibt es eine Ausnahme: Der Blumenröhrchentrick funktioniert bei einer *Aranda* nicht. Die Wurzeln würden verfaulen. (Siehe dazu ausführlich unter den Kulturanleitungen zu *Vanda*.)

Die Blüten sind um 7 cm groß und halten etwa 2 Monate lang.

Die Blütenform erinnert mit ihren dünneren Petalen und Sepalen eher an *Arachnis*- und *Vanda*-Naturformen als an *Vanda*-Hybriden.

Tip: Man kann sehr große Exemplare auch in Hydrokies halten, allerdings nicht in Hydrokultur! Die Pflanze wird dann genauso gegossen wie in anderen Substraten und muß zwischendurch völlig abtrocknen. Über den Hydrokies darf nicht gedüngt werden, da sich dort alle Nährstoffe sammeln und mit einem Mal abgegeben werden. Also darf eine *Aranda* in Hydrokies nur über das Blattwerk gedüngt werden. Man kann diese Gattungshybride natürlich auch in Rindensubstrat kultivieren.

Die Blütezeit ist von Herbst bis Winter. Ein Aufenthalt im Freien mit großen Unterschieden zwischen Tages- und Nachttemperatur wirkt ausgesprochen anregend für die Blütenbildung.

Ascocenda

Ascocendas sind Kreuzungen aus *Ascocentrum* und *Vanda*. Man erhält durch die Kreuzung Hybriden mit sehr knalligen, ansprechenden Farben, deren Blütengröße kleiner als *Vanda*, aber wesentlich größer als *Ascocentrum* ist und zwischen

Angraecum sesquipedale ist auf Madagaskar heimisch. Sie wird von einem Nachtschmetterling bestäubt, dessen Rüssel genauso lang ist wie der ca. 30 cm lange Sporn der Orchideenblüte.

Aranda ist eine Kreuzung aus *Arachnis* und *Vanda*. Diese Pflanzen können eine beachtliche Höhe erreichen. Das Exemplar, von dem diese Blüten stammen, mißt 1,30 m in der Höhe und ist somit für viele Fensterbänke zu groß.

4 und 7 cm liegt. Diese Hybriden sind viel blühfreudiger als ihre Elternteile. Bei optimalen Pflegebedingungen blühen manche Ascocendas auch zweimal im Jahr.

Recht beliebt und in den letzten Jahren häufiger im Angebot ist die leuchtend blaue *Ascocenda* Princess Mikasa. Es gibt auch viele schöne orangegelbe Kreuzungen mit *Ascocentrum miniatum.*

In ihren Kulturansprüchen orientieren sich die Ascocendas an beiden Elternteilen und sind daher genauso zu pflegen wie Vandeen.

Tip: Es erspart viel Arbeit und bringt zudem gute Erfolge in der Kultur dieser Pflanzen, wenn man sie entweder mit einem Holzkörbchen oder aber, indem

man die Wurzeln ganz ohne Substrat beläßt, in einem wasserdichten Übertopf auf die Fensterbank stellt, anstatt die Pflanzen im Körbchen ins Fenster zu hängen. Den Übertopf läßt man alle paar Tage mit lauwarmem Wasser und minimaler Düngerkonzentration vollaufen, so daß gerade die Wurzeln bedeckt sind, nicht aber die Blätter.

Man läßt die Pflanzen so ein paar Tage stehen und schüttet dann das Wasser aus. Danach läßt man die Pflanzen 1 bis 2 Tage ganz abtrocknen, bevor man den Topf erneut mit Wasser auffüllt. Sehr positiv wirkt sich auch der Blumenröhrchentrick aus, der ausführlich bei den Vandeen nachzulesen ist.

Die Blühdauer dieser Pflanzen beträgt 4 bis 8 Wochen.

Ascocenda Suksamran x *Vanda* Charlie Clark. Ascocendas sind durch ihren kompakten Wuchs für fast jede Fensterbank geeignet und erfreuen den Betrachter über 6 bis 8 Wochen lang mit ihren leuchtenden Blüten.

Die *Ascocenda* Princess Micasa ist eine der am häufigsten anzutreffenden blauen Hybriden. Sie verdankt ihre Farbe der *Vanda coerulea*, ist jedoch in ihren Temperaturansprüchen viel einfacher als diese.

Ascocentrum

Auch diese Gattung ist im Prinzip genauso zu pflegen wie warm zu haltende Vandeen. Ihre Blütengröße ist wesentlich kleiner und beträgt nur etwas mehr als 1 cm. Die Blütenstände entspringen zwischen den Blattachseln der bei guter Pflege sehr eng stehenden Blätterpaare. Die Art *Ascocentrum miniatum* blüht überwiegend im Sommer; je wärmer die Temperaturen und je höher das Lichtangebot indirekten Lichtes, desto besser.

Je kräftiger und dichter die einzelnen Blätter nebeneinander stehen, desto wohler fühlt sich die Pflanze. Da diese Pflanzen zu den kleinen Orchideen gehören, kann man sie am besten auf Borke aufgebunden halten und sie entweder tauchen oder regelmäßig übersprühen. Die Blütezeit liegt im Frühsommer bis Sommer. Die Blüten halten an der Pflanze etwa 4 Wochen lang.

Beallara

Beallara ist eine Mehrgattungshybride aus *Brassia* × *Cochlioda* × *Miltonia* × *Odontoglossum*. Sie verdankt ihre großen, schönen, sternförmigen Blüten der Einkreuzung von *Miltonia* und vor allem *Brassia*.

Temperatur: Beallaras gedeihen bei temperierten bis warmen Bedingungen. Bei warmer Kultur wachsen die Pflanzen schneller.

Standort: Ost-, West- oder Südfenster. Vorsicht vor zu praller Sonnenbestrahlung über die Mittagszeit im Sommer!

Licht: Der richtige Standort am Licht ist ausschlaggebend für die Blüteninduktion. Die Pflanzen brauchen, um zur Blüte zu kommen, ähnlich wie Miltassien, einige Stunden pralle Sonne am Tag. Die Pflanzen vertragen, richtig dosiert und über die Mittagshitze schattiert, sogar die Sonne der Südseite. Man kann sie gut zusammen mit *Cattleya* kultivieren.

Das Lichtangebot kann zur Blüteninduktion so hoch sein, daß sich die Bulben und Blätter zur Sonnenseite hin bereits rötlich färben.

Substrat: Ein Torf-Rinden-Gemisch mit Agrofoam sorgt für gute Bewurzelung und kräftigen Wuchs.

Umtopfen: Auf jeden Fall erst nach der Blüte, wenn die neuen Bulben anfangen Wurzeln zu treiben.

Übersprühen: Wenn die Luftfeuchtigkeit unter 50 % sinkt, sollte die Pflanze gesprühnebelt werden. Es darf auf Dauer kein Sprühwasser in den Blattachseln stehenbleiben.

Gießen: Während der Wachstumsphase sollte reichlich gegossen werden. Danach wieder das Substrat gut abtrocknen lassen. Kurz vor Ausreifen der neuen Bulbe die Wassergaben zur Blüteninduktion etwas reduzieren und dabei gleichzeitig die Pflanze so hell stellen wie möglich. In ihrem Wasserbedarf ähnelt die *Beallara* dem *Odontoglossum* und der Brassia.

Düngen: Einmal im Monat empfiehlt sich eine Düngung über das Substrat (½ ml Flüssigdünger auf 1 l Wasser). Dazu wöchentlich in derselben Konzentration Blattdüngung.

Schädlinge: Selten Spinnmilben oder Läuse. Die Pflanzen sind in dieser Hinsicht nicht so empfindlich wie *Miltonia*, sondern sind darin ähnlich wie *Odontoglossum*.

Blütengröße: Die sternförmigen, auffällig markant gezeichneten Blüten haben 13 bis

Klein, aber fein: *Ascocentrum ampullaceum*. Ausgewachsene Pflanzen der Gattung *Ascocentrum* sind oft nur 15 bis 20 cm hoch. Sie passen auf die schmalsten Fensterbänke.

Beallara Tahoma Glacier 'Ithan' wirkt durch ihre prächtigen sternförmigen Blüten.

14 cm Durchmesser in der Breite. Der Blütenstengel ist ca. 40 bis 50 cm lang.

Blütenanzahl: Der Blütenstengel trägt etwa 6 bis 8 Blüten.

Blütezeit: Frühjahr bis Frühsommer oder Herbst, je nach Standort und Lichtangebot.

Blühdauer: Die Blüten öffnen sich relativ rasch hintereinander und verblühen somit nach 5 bis 8 Wochen auch wieder relativ schnell nacheinander. Bei guten Pflegebedingungen blüht die Pflanze auch zweimal im Jahr.

Nach dem Verblühen müssen die Blütenstengel abgeschnitten werden. Das Gießen kann etwas eingeschränkt werden, und es kann, wenn notwendig, auch umgetopft werden.

Kulturfehler: Beallaras sind relativ unkompliziert im Wuchs. Durch zu geringes Lichtangebot kann allerdings die Blütenbildung ausbleiben.

Vermehrung: Vegetativ durch Teilung und nur dann, wenn mindestens 6 Bulben im Topf sind.

Tip: Beallaras wachsen verhältnismäßig langsam bei zu niedriger Temperatur und zu schattigem Standort.

Bifrenaria harrisoniae

Temperatur: *Bifrenaria harrisoniae* wird meist in der Literatur zu den warm bis temperiert zu haltenden Orchideen gerechnet. Jedoch kann es sein, daß zur Blüteninduktion die Temperatur radikal gesenkt werden muß. Während die Pflanzen in der Wachstumszeit am Tage bei 18 bis 24 °C stehen können und nachts bei 13 bis 16 °C, sollten im Winter die Temperaturen am Tag bei 12 bis 18 °C, die

Nachttemperaturen bei 7 bis 10 °C liegen. Diese Art ist durch die extreme Temperaturansprüche schlecht zum Blühen zu bringen. Meine eigene *Bifrenaria* blühte erst nach zwei Jahren, nachdem ich sie vor Verzweiflung ein paar Wochen lang bei 5 bis 8 °C im Frühjahr auf den Balkon stellte. Einige Orchideenzüchter haben offensichtlich dieselbe Erfahrung gemacht.

Standort: Ost,- West- oder Südseite.

Licht: Diese Pflanze muß nur über die Sommermonate vor direkter Sonnenbestrahlung geschützt werden, da sonst die Blätter schnell gelb werden.

Substrat: Reines Rindensubstrat mit Agrofoam.

Umtopfen: Bifrenarien vertragen das Umtopfen nicht so gut! Alle drei Jahre umzusetzen reicht im allgemeinen aus, da die Pflanzen langsam wachsen. Hierbei wird allerdings vorausgesetzt, daß das Substrat solange noch in Ordnung ist. Verpflanzt wird während der Wachstumsphase von März bis Juli.

Übersprühen: Man sollte auf ein Übersprühen der Blätter verzichten, wenn diese noch nicht ganz ausgewachsen sind. Die jungen Blättertriebe verhalten sich leicht wie Trichter und sammeln das Sprühwasser. Die Triebe faulen ab.

Sind die Blättertriebe ausgewachsen, darf man ganz vorsichtig sprühnebeln.

Gießen: Nur dann gießen, wenn das Substrat abgetrocknet ist. Nach Ausreifen der neuen Bulbe empfiehlt es sich, die Pflanze über mehrere Wochen fast trocken zu halten, bis sie Blüten ansetzt.

Düngen: ½ ml Flüssigdünger wird bei jedem 4. Gießen dem Gießwasser hinzugefügt.

Schädlinge: Bei zu niedriger Luftfeuchtigkeit stellen sich Spinnmilben auf der Unterseite der Blätter ein.

Bifrenaria harrisoniae: Diese rein weiße Variation der Art (var. *alba*) ist bei Kennern begehrt. Ihr intensiver Maiglöckchenduft erfüllt ganze Zimmer.

Kulturfehler: Bei zu hohen Temperaturen und zu gleichmäßigen Wassergaben, aber auch bei fehlender Absenkung der Nachttemperaturen, bleibt die Blüte hartnäckig so lange aus, bis man – notfalls auch erst nach Jahren des Experimentierens – die richtige Kombination herausgefunden hat.

Blütengröße: Die Blüten messen an ihrer breitesten Stelle 6 bis 8 cm.

Blütenanzahl: 1 bis 2 Blüten pro Stengel.

Blütezeit: April bis Frühsommer. Die Blütenstengel erscheinen am Fuß der Bulbe des Vorjahres.

Blühdauer: 3 bis 4 Wochen.

Duft: *Bifrenaria harrisoniae* duftet äußerst stark und fast schon penetrant nach Maiglöckchen oder Zitrone. Sie gehört zu den Orchideen, deren Duft ganze Räume ausfüllt.

Nach dem Verblühen werden die verblühten Stengel abgeschnitten und wenn nötig umgetopft.

Vermehrung: Nur Pflanzen mit 6 oder mehr Bulben sollten geteilt werden.

Tip: Exemplare der Gattung *Bifrenaria* sollten sich nur erfahrene Orchideenfreunde zulegen.

Bletilla striata und *Pleione*

Temperatur: Kalthaus. Die Pflanzen können, solange kein Frost ist, draußen gehalten werden. Im Winter müssen sie in unseren Breitengraden gegen den Frost geschützt, d. h. abgedeckt oder vor dem ersten Nachtfrost ins Haus geholt werden.

Ideal sind zur Blüteninduktion Temperaturen um 8 °C im Winter über mindestens 3 bis 4 Wochen. Diese Temperaturabsenkung ist noch wichtiger bei *Pleione* als bei *Bletilla striata*.

Substrat: Rinden-Torf-Gemisch.

Umtopfen: Jährlich im frühen Frühjahr vor oder nach der Blüte.

Pleione formosana trägt zart duftende, an *Cattleya* erinnernde Blüten und liebt es im Winter schön kalt, aber frostfrei.

Bletilla striata ist eine Orchidee, die bis zum Einsetzen des Frostes auch im Garten gehalten werden kann.

Licht: Im Sommer halbschattig. In der Ruhezeit dunkel. Keine direkte Sonnenbestrahlung.

Übersprühen: Nur über die Sommermonate, vor allem bei hohen Außentemperaturen.

Gießen: Im Sommer zur Wachstumszeit draußen und bei Haltung in einem Plastiktopf trocknen die Pflanzen extrem schnell ab und müssen manchmal sogar alle 2 Tage gegossen werden. Reichlich Wasser verwenden, aber zwischendurch immer wieder das Substrat ganz abtrocknen lassen. Im November bis Dezember das Gießen ganz einstellen.

Schädlinge: Bei einem Gartenaufenthalt muß man mit Befall durch Schnecken oder Läuse rechnen. Zuweilen picken auch Vögel (besonders Amseln) ganze Pflänzchen aus der Erde. Sonst sind Pflanzen dieser Gattungen recht robust.

Kulturfehler: Bei zu nasser Haltung faulen Bulben und Blättertriebe. Bei zu hohen Temperaturen bleibt die Blütenbildung aus. Bei Frost stirbt die Pflanze ab.

Tip: Eine sichere Blüteninduktion zu einer selber beeinflußbaren Zeit kann man dann erreichen, wenn man die Pflanzen aus dem Substrat nimmt und für drei Wochen ins Gemüsefach seines Kühlschrankes legt. Dort liegen sie bei 8 °C dunkel und trocken. Nach drei Wochen aus dem Kühlschrank nehmen und eintopfen. Eine Pleione wird schon etwa 8 Wochen nach dem Eintopfen vor der fertigen Ausbildung ihrer Blätter blühen. Bei *Bletilla striata* dauert es ein paar Wochen länger. (Wer skeptisch ist, kann anstelle des Kühlschrankes zur Blüteninduktion auch eine Garage oder einen Keller benutzen!)

Blütengröße: *Bletilla striata* hat etwa 3 cm große, weiß bis pinkfarbene Blüten, die an eine *Cattleya*-Miniatur erinnern. Die Blüten der *Pleione* erinnern ebenfalls an eine *Cattleya* und werden ca. 6×9 cm groß. Das Farbenspektrum reicht von Weiß über Rosa bis Gelb.

Brassia: Die volkstümliche Bezeichnung ist „Spinnenorchidee". Ihre Blütenform verrät, warum.

Duft: Beide Gattungen verströmen einen zarten, blumigen Duft.

Blühdauer: *Bletilla striata* 2 bis 4 Wochen, je nach Temperatur. *Pleione* 4 bis 6 Wochen. Bei beiden Gattungen halten die Blüten draußen länger als bei Zimmerkultur.

Blütezeit: Frühes Frühjahr. Bei Kühlschrankaufenthalt unterschiedlich.

Brassia Rex und *Brassia verrucosa*

Temperatur: Pflanzen dieser beiden Arten gehören in den Temperaturbereich des (mäßig warmen) Warmhauses. Die Temperaturen sollten nachts in der Ruhezeit nicht unter 13 °C abfallen. Ebenso gedeihen die Pflanzen im temperierten Bereich.

Licht und Standort: Brassias brauchen viel Licht, gerade auch zur Blüteninduktion. In ihren Lichtbedürfnissen kann man sie mit Cattleyen vergleichen. Südseite ist empfehlenswert, aber auch Ost- oder Westseite sind möglich. Lediglich die pralle Mittagsonne im Hochsommer muß vermieden werden. Günstig ist ein Stand an einer Südseite mit lichtdurchlässigen halben Kaffeehausgardinen während des Hochsommers.

Substrat: Rindensubstrat.

Umtopfen: Nur zur Wachstumszeit sollte verpflanzt werden, am besten im Frühjahr, bei Verwendung von Rindensubstrat alle 1 bis 2 Jahre. Auf keinen Fall zur Blütezeit verpflanzen! Die Neutriebe steigen gerne aus dem Topf aus, darum empfiehlt es sich, entweder jährlich umzupflanzen oder aber die Pflanzen aufzubinden.

Gießen: Während der Wachstumszeit kann reichlich gegossen werden, wenn man dazwischen das Substrat immer wieder abtrocknen läßt. Nach Ausreifen der Bulben sollte eine Trockenzeit angedeutet werden, in der man deutlich weniger gießt, bis sich der Blütentrieb zeigt.

Übersprühen: Täglich von Frühjahr bis Herbst können die Pflanzen leicht übersprüht werden. Im Winter sprüht man nur

Brassocattleya Bangkok White ist eine Kreuzung aus *Brassocattleya* Deesee × *Brassavola digbyana*, die genetisch für die wunderschön gewellten Lippenränder verantwortlich ist.

an sonnigen Tagen, oder wenn die Luftfeuchtigkeit unter 50 % sinkt.

Düngen: Gedüngt wird mit ½ bis 1 ml
Flüssigdünger auf einen Liter Gießwasser
in zweiwöchentlichem Abstand. Wöchentlich können in selber Konzentration Blattdüngungen durchgeführt werden.

Schädlinge und Kulturfehler: Rote
Spinnen oder Schildläuse können hin und
wieder auftreten, erstere insbesondere bei
mangelnder Luftfeuchtigkeit. Ohne Schattierung an reinen Südseiten kann es im
Sommer zu Sonnenbrand kommen, vor
allem, wenn ein Blatt die Fensterscheibe
berührt. Er äußert sich zunächst in
weißen Flecken auf dem jeweiligen Blatt.

Blütengröße: Petalen und Sepalen der
Gattung *Brassia* sind z. T. sehr lang,
wodurch durchaus Blütengrößen von 25
bis 30 cm erreicht werden können.

Duft: Der Duft dieser Pflanzen ist würzig
und stark wahrnehmbar. Ob man ihn als
angenehm bezeichnen kann, hängt vom
jeweiligen individuellen Geschmack ab.

Blütezeit: Spätsommer, Herbst.

Blühdauer: Die Blüten vergehen leider
sehr schnell. Sie halten nur 2 bis 4 Wochen.

Tip: Man sollte nicht vergessen, die
Luftwurzeln an den Neutrieben mit einzusprühen! Die Pflanzen eignen sich auch
für eine Übersommerung draußen.

Nach dem Verblühen werden die Stengel
abgeschnitten und das Gießen etwas
verringert.

Vermehrung: Vegetativ bietet sich dem
Orchideenliebhaber auf der Fensterbank
eine Vermehrung durch Teilung bei Pflanzen mit 6 oder mehr Bulben an.

Brassocattleya und *Brassolaeliocattleya*

Pflanzen dieser Mehrgattungshybriden
können in jeder Hinsicht so kultiviert
werden wie *Cattleya*.

Die Hybriden bestechen unwillkürlich
durch ihre so unterschiedlichen, wunder-

Der Name der *Laeliocattleya* Leefwood Lane 'Willow Wind' × *Brassolaeliocattleya* Ruben's
Verde 'Green Lace' ist ungefähr genauso lang wie ihre Blüten breit sind.

Brassolaeliocattleya Toshi Aoki 'Pizazz' trägt eine Blüte der krassesten farblichen Gegensätze. Ihre Lippe glänzt samtig.

Brassolaeliocattleya Bryce Canyon 'Splendiferous' duftet wunderbar und ist so leuchtend pinkfarben, daß sie sofort alle Blicke auf sich zieht.

baren Blütenfarben, Formen und zumeist auch ihren Duft. Verschiedene Kreuzungen bringen zudem noch außerordentlich große Blüten (bis zu 25 cm Durchmesser in der Breite) hervor.

Nach meinem Geschmack optisch etwas Besonderes sind unter ihnen die Kreuzungen mit *Brassavola digbyana*, deren ästhetisch schön gefranste Lippe sich in irgendeiner Form auch in den mit ihr gekreuzten Hybriden niederschlägt.

Bulbophyllum

Temperatur: Die Temperaturen können bei dieser Gattung temperiert bis warm sein. Auch im Winter sollten die Temperaturen nicht unter 16 °C sinken.

Licht und Standort: Die Pflanzen vertragen über den größten Teil des Jahres volle Sonne. Es ist nur über die Mittagsstunden im Hochsommer an der Südseite zu schattieren. Südseite ist generell zu empfehlen.

Substrat: Ein reines Rindensubstrat ist angebracht; bei den meisten Arten ist Aufbinden die richtige Methode.

Umtopfen: Wenn die Wachstumsphase beginnt, kann umgetopft werden. Das ist in der Regel im Frühjahr. Möglichst nicht zur Blütezeit verpflanzen. Durch den langen Wurzelstock bedingt, wachsen die Pflanzen schnell aus dem Topf heraus. Darum pflanzt man sie lieber entweder in flache Schalen oder Ampeln oder bindet sie auf Rinde auf.

Gießen: Reichlich kann während der Wachstumszeit gegossen werden, ähnlich wie bei *Cattleya*. Zwischen den einzelnen Wassergaben muß das Substrat aber immer wieder abtrocknen.

Übersprühen: Täglich von Frühjahr bis Herbst.

Düngen: Blattdüngung wöchentlich und Düngung über das Substrat monatlich einmal ist für die Pflanzen bei Verwendung von Rindensubstrat sehr zuträglich.

Schädlinge und Kulturfehler: Die Pflanzen sind sehr robust und kaum anfällig gegen Schädlinge. Sie vertragen auch eine Menge Kulturfehler. Nur sollte man für eine ausreichende Dränage sorgen und dringend Staunässe vermeiden.

Duft: Manche Arten sind geruchlos, andere haben einen deutlich unangenehmen Geruch.

Blütezeit: Frühjahr.

Blühdauer: Etwa 4 Wochen.

Blütengröße: Die Blüten sind zwar zahlreich, aber z. T. sehr klein. *Bulbophyllum falcatum* hat z. B. nur ½ cm große Blüten, die jedoch an einem sehr markant geformten (geweihähnlichen) Stengel sitzen.

Besonderheit: Viele Arten, die man früher zu *Bulbophyllum* einordnete, wurden später unter *Cirrhopetalum* geführt; doch besteht im Moment die Tendenz, wieder nach *Bulbophyllum* zurückzuordnen.

Nach dem Verblühen werden die Blütenstengel abgeschnitten.

Vermehrung: Die vegetative Vermehrung geschieht durch Teilung bei Pflanzen mit 6 oder mehr Bulben.

Burrageara

Die *Burrageara* ist eine Viergattungshybride aus *Cochlioda* × *Miltonia* × *Odontoglossum* × *Oncidium*, bei der die *Cochlioda* für die Vererbung der knallig rotorangen Farbe verantwortlich ist.

Temperatur: Diese Hybride läßt sich sowohl warm als auch temperiert kultivieren. Sie kann also sowohl im beheizten Wohnzimmer stehen als auch im unbeheizten Schlafzimmer. Je höher die Temperaturen und die Luftfeuchtigkeit, desto schneller der Wuchs.

Standort: Ost- und Westlage der Fenster ist ideal. Bei Schattierungsmöglichkeiten ist aber auch ein Südfenster möglich.

Bulbophyllum falcatum hat einen sehr markanten Stengel, an dem viele kleine Blüten sitzen.

Licht: Die Pflanzen sollten vor direkter Sonnenbestrahlung an Südfenstern über die Sommermonate geschützt werden. Im allgemeinen gehört die *Burrageara* zu den Pflanzen, die halbschattig kultiviert werden. Darin ist sie also ganz ihren Elternteilen ähnlich.

Substrat: Ein Rinden-Torf-Gemisch ist zu empfehlen.

Umtopfen: Etwa alle 2 Jahre sollten die Pflanzen umgetopft werden, auf jeden Fall nach der Blüte und am besten zu Beginn der Wachstumsphase.

Übersprühen: Tägliches Übersprühen von Frühjahr bis Herbst wirkt sich sehr positiv auf die Pflanze aus.

Gießen: Es wird immer dann gegossen, wenn das Substrat trocken ist.

Düngen: ½ ml Flüssigdünger auf 1 l Gießwasser alle 4 Wochen und zusätzlich in selber Konzentration eine Blattdüngung wöchentlich sind zu empfehlen.

Schädlinge: Die Pflanze wird von allen Arten von Läusen befallen, die man aus dem Garten mit einschleppen kann.

Kulturfehler: Wenn die Pflanze von Spinnmilben befallen wird, war die Luftfeuchtigkeit deutlich zu niedrig und muß umgehend erhöht werden.

Blütengröße: In der Längsrichtung messen die Blüten ca. 6 cm. Die Blütenstengel werden bis zu ca. 40 bis 50 cm lang.

Blütenanzahl: Je nach Größe und Alter der Pflanze trägt der Stengel zwischen 10 und 15 Blüten.

Blütezeit: Frühjahr oder Herbst, bei guter Pflege auch zweimal im Jahr.

Blühdauer: Meine Exemplare blühten bisher immer zwischen 4 und 7 Wochen.

Nach dem Verblühen werden die Blütenstengel abgeschnitten und wenn nötig die Pflanze umgetopft.

Vermehrung: Für den Laien kommt nur eine vegetative Vermehrung durch Teilung in Frage. Bitte nur bei Pflanzen mit mehr als 6 Bulben teilen, sonst wird die Pflanze in ihrem Wachstum zu sehr gehemmt und die Blütenbildung beeinträchtigt.

Laubabwerfende Calanthen

Temperatur: Warmhaus bis mäßige Temperaturen.

Licht: Calanthen mögen gerne hell stehen. Also kann man sie ruhig in die erste Reihe an der Fensterscheibe auf der Ost-, West- oder Südseite stellen.

Substrat: Torf-Rinden-Gemisch.

Umtopfen: Jedes Jahr nach der Blüte sollte man die Bulben zusammen neu eintopfen. Manchmal liest man auch Gegenteiliges, nämlich daß die Bulben einzeln eingetopft werden sollen. Aus geschäftlichem Grund verfährt man auch so im Handel. Für die Entwicklung der Pflanze und einen kräftigen Wuchs mit reichhaltiger Blütenbildung ist es besser, wenn mehrere Bulben im Topf verbleiben. Nach dem Umtopfen hält man die Pflanzen völlig trocken und sehr hell und warm bis zum Neuaustrieb.

Übersprühen: Auf keinen Fall! Im Winter ist es manchmal angebracht, zur Vorbeugung gegen Spinnmilbenbefall über den Pflanzen in die Luft sprühzunebeln. Besser noch ist die Haltung von Calanthen auf Schalen, die mit Wasser und Hydrokies gefüllt sind.

Gießen: In der Ruhezeit nach der Blüte hält man diese Pflanzen völlig trocken, bis sich die Neutriebe zeigen. Sobald der Neuaustrieb erscheint, fängt man wieder an zu gießen, aber vorsichtig und nur langsam die Wassergaben steigern. Man sollte aufpassen, daß der Neutrieb beim Gießen nicht in Berührung mit dem Gießwasser kommt, da er sonst leicht wegfault. Am besten gießt man also auf der gegenüberliegenden Seite des Neutriebes und benetzt dabei auch nicht die Bulben.

Während des Wachstums kann reichlich gegossen werden, bis das Wasser durchläuft. Dann läßt man auf jeden Fall die Pflanze vor dem nächsten Gießen wieder ganz abtrocknen. Nachdem die Blätter gelb geworden sind und der neue Blütentrieb am Fuß der Bulbe sichtbar geworden ist, wird deutlich weniger gegossen. Die Pflanze lebt dann überwiegend aus ihrem Bulbenreservoir.

Calanthe St. Aubin gehört zu den laubabwerfenden Calanthen.

Auch *Calanthe* Grouville wirft Laub ab und macht, ebenso wie *Calanthe* St. Aubin, nach der Blüte eine ausgiebige Ruhepause durch, in der nicht gegossen werden darf.

Auch während der Blüte benötigt die Pflanze nicht soviel Wasser.

Düngen: Während der Wachstumszeit düngt man einmal pro Woche 2 ml über das Gießwasser. Macht man das nicht regelmäßig, entwickeln sich die Bulben nicht richtig, und der Blütentrieb bleibt sehr klein oder bleibt sogar ganz aus.

Nach Abwerfen der Blätter stellt man das Düngen ganz ein.

Schädlinge und Kulturfehler: An Calanthen sitzen gerne ab Beginn der Heizperiode Spinnmilben oder Schildläuse. Ein häufiger Pflegefehler ist, die Pflanze zu feucht zu halten, während schon Blütentriebe erscheinen. Sind sie zu dieser Zeit noch klein, besteht die Gefahr, daß sie abfaulen.

Ein weiterer Pflegefehler ist, wenn man es mit dem Düngen nicht so genau nimmt: Die Pflanze entwickelt sich nur äußerst mager.

Tip: Das beste für Calanthen sind hohe Temperaturen und reichlich Luftfeuchtigkeit. Gut ist es auch, wenn sie auf einem Plastikgitter in einer mit Wasser und Blähton gefüllten Pflanzenwanne stehen, da man so auf jeden Fall besser Staunässe vermeiden kann und gleichzeitig die Luftfeuchtigkeit um die Pflanze herum deutlich erhöht.

Blütengröße: Je nach Art, Hybride und Wohlbefinden der Pflanze zwischen 5½ und 7 cm im Längsschnitt. Die Blüten sind samtig glänzend, weiß, rosa, pink-rot oder zweifarbig.

Blühdauer hängt von der Blütenanzahl und Art oder Hybride ab. *Calanthe* Christmas White blüht 2 bis 3 Monate;

Calanthe rosea 6 bis 8 Wochen;

Calanthe St. Aubin ca. 3 bis 3½ Monate;

Calanthe Grouville, großes Exemplar mit drei 1 m langen Blütentrieben bis zu 6 Monaten.

Blütezeit: Winter – frühes Frühjahr.

Vermehrung: Ziemlich mühelos ist die vegetative Vermehrung von Calanthen durch Rückbulben und durchaus auch mit Erfolg auf der Fensterbank durchzuführen: Dabei werden einfach die Bulben einzeln eingetopft und 8 Wochen lang völlig trocken gehalten, bis sich die Neutriebe zeigen. Dabei muß man natürlich berücksichtigen, daß ein so vermehrtes Teilstück wie eine Jungpflanze einzustufen ist und auch so blüht. Man kann von einer Rückbulbe keine meterlangen Blütenstengel erwarten.

Cattleya

Temperatur: Cattleyen gehören zu den temperiert bis warm zu haltenden Pflanzen. Sie vertragen Temperaturen zwischen 16 und 30 °C. Zur Blüteninduktion ist eine Temperaturabsenkung über einige Wochen nötig – Faustregel: zwischen Tag- und Nachttemperatur sollten mindestens 5 Grad Unterschied sein.

Luftfeuchtigkeit: Ab 50 % Luftfeuchtigkeit aufwärts.

Substrat: Am besten verwendet man ein reines Rindensubstrat.

Umtopfen: Die beste Umtopfzeit zeigt die Pflanze selber an. Wenn die neuen Bulben etwa 5 cm groß sind und neue Wurzeln bilden, ist die beste Zeit zum Umtopfen. Häufig ist dann Frühjahr, und die Tage werden länger, so daß die Lichtansprüche der Pflanzen ideal erfüllt werden können.

Licht: Die *Cattleya* verträgt ein hohes Maß an Licht. Von September bis Mai auch direktes Sonnenlicht an einer Südseite. Bei zu hohen Außentemperaturen im Hochsommer und zu starker Sonneneinstrahlung wird allerdings auch diese lichthungrige Pflanze geschädigt, wenn sie auf Dauer ohne Schattierung an einer Süd- oder Südostseite gehalten wird. Es gibt schwarze Brandflecken bei zu dichtem Stand an oder bei Berührung mit der Fensterscheibe. Folgeschäden sind auch rote oder braune Pigmentflecken oder das Gelbwerden von Blättern. Bei solchen Anzeichen ist die Pflanze weiter vom Fenster abzurücken oder aber an Sonnentagen zu schattieren.

Übersprühen: Cattleyen sind von Frühling bis Herbst für tägliches, leichtes Übernebeln dankbar. Im Winter wird nur dann übersprüht, wenn besonders schöne Sonnentage auftreten oder aber wenn die Luftfeuchtigkeit auf unter 50 % sinkt.

Gießen: Cattleyen brauchen viel Wasser auf einmal. Das Wasser muß reichlich unten aus dem Topf wieder herauslaufen. Danach muß das Substrat vor dem nächsten Gießen wieder völlig abgetrocknet sein. Auch bei diesen Pflanzen gilt: Bei niedrigeren Temperaturen muß man sich im Gießverhalten anpassen und entsprechend weniger gießen.

Düngen: Wichtig ist eine ausgewogene gleichmäßige Düngung, sobald sich die neuen Bulben zeigen. Einmal wöchentlich kann man eine 1%ige Blattdüngung verabreichen. Außerdem sollte man bei einer Verwendung von reinem Rindensubstrat 1-

Es ist kaum zu sagen, was mehr betört: die Farbe von *Cattleya sohma* oder ihr unbeschreiblicher Duft.

Diese *Cattleya-labiata*-Kreuzung trägt bis zu vier Blüten an einem Stengel, der dann ein solches Gewicht hat, daß er mehrfach abgestützt werden muß.

bis 2mal im Monat eine ebenfalls 1%ige Düngung über das Substrat durchführen.

Schädlinge und Kulturfehler: Bedingt durch die dicken, kräftigen Blätter werden Cattleyen nur selten von Schädlingen befallen. Falls doch, handelt es sich meistens um eingeschleppte Schildläuse oder auch Schnecken. Manchmal handelt es sich auch um Ameisen, die von den für *Cattleya* spezifischen, süßen Blütenstengelausscheidungen angelockt werden. Wer sowieso Probleme mit Ameisen um das Haus herum hat, sollte also wachsam sein. Ameisen schädigen zwar nicht die Pflanze, sind aber im Haus doch sehr lästig und können auch in Orchideentöpfen einen neuen Ameisenhaufen aufbauen.

Bei mangelnder Luftfeuchtigkeit unter 50 % kann es zu Befall durch Wolläuse kommen, besonders zwischen Bulben und Niederblättern.

Bei nicht ausreichender Schattierung und zu starker Sonnenbestrahlung besteht die Gefahr eines Sonnenbrandes, auf dem sich gerne Pilze ansiedeln. Auch zu starkes

Übersprühen bei zu niedrigen Temperaturen und mangelhafter Frischluftzufuhr im Winter führt zu Pilzbefall. Düngt man zu viel oder zu wenig oder leidet die Pflanze unter Lichtmangel und entwickelt ihre Neutriebe über die Wintermonate, werden manchmal die Neutriebe zu schwach und setzen mit der Blüte aus. Dasselbe passiert auch bei zu altem und zu dicht gewordenem Substrat.

Tip: Manchmal ist es bei *Cattleya* angebracht, bei den Knospen eine Geburtshilfe zu leisten und die Blattscheiden vorsichtig mit einem sterilisierten Messer oder einer Schere zu öffnen. Das erleichtert den Knospen den Weg nach draußen. Man hält die Pflanze gegen das Licht, um zu sehen, bis wohin die Blüten in der Blattscheide reichen. Dann schneidet man das obere Drittel der Blattscheide ab, ohne die Knospen zu verletzen.

Tip: Blüten von *Cattleya* und besonders ihren großblütigen Hybriden müssen generell abgestützt werden. Dazu eignet sich besonders ein Holzstab, der in den oberen

Zentimetern mit dem Seitenschneider gespalten wurde. In diesen Spalt wird die Blüte einfach eingelegt, und sie kann sich ungehindert und abgesichert zu voller Schönheit entfalten.

Tip: Cattleyen sind dankbar für viel Frischluft und große Temperaturunterschiede und sind deshalb für eine Übersommerung draußen prädestiniert und wachsen und gedeihen dort kräftig.

Blütengröße: Manche Cattleyen und Brassocattleyen erreichen 16 bis 20 cm Blütendurchmesser. Sophrolaeliocattleyen sind zumeist kleiner, aber dafür oftmals vielblütiger und erreichen Blütengrößen von 7 bis 12 cm.

Duft: Etliche Arten und Hybriden haben Duftnoten, die recht unterschiedlich und vielfach sehr intensiv sind und manchmal einen ganzen Raum ausfüllen können. Bei sehr oft gekreuzten Hybriden geht der Duft manchmal verloren.

Blühdauer: Je größer die Blüte, desto kürzer die Blühdauer. Besonders großblütige Cattleyen blühen 2 bis 4 Wochen, kleinblütige 6 bis 8 Wochen pro Blütenstengel.

Blütezeit: Die meisten Cattleyen sind ausgesprochene Frühjahrs- oder aber Herbstblüher. Bitte erkundigen Sie sich beim Erwerb einer Pflanze nach ihrer Blütezeit, falls dies nicht offensichtlich ist.

Cirrhopetalum cornutum und *fascinator*

Temperatur: Gleichmäßig warme Temperaturen entsprechen am besten den Kulturanforderungen der meisten Arten innerhalb dieser Gattung. Sie können also das ganze Jahr in im Winter beheizten Wohnräumen gehalten werden.

Licht und Standort: Pflanzen dieser Gattung vertragen und brauchen viel Licht, ähnlich wie *Cattleya*, und sind nur

Cattleya skinneri ist eine Naturform der *Cattleya* und ein beliebtes Elternteil bei Kreuzungen.

Cirrhopetalum fascinator: Die Blüten dieser Art sind bis ins Detail faszinierend. Besondere Wirkung erzielen sie auch durch die Eigenart ihres doldenförmigen Standes am Stengel.

über die Mittagszeit an einer Südseite im Hochsommer zu schattieren. Vor allem im Winter sollte man ihnen den hellstmöglichen Platz zur Verfügung stellen.

Substrat: Rindensubstrat.

Umtopfen: Diese Gattung „steigt" gerne aus dem Topf aus und kann daher auch gut aufgebunden werden. Das erfordert allerdings tägliche Pflege durch 1- bis 3maliges Übersprühen. Weniger arbeitsintensiv ist die Haltung in Ampeln oder Schalen. Verpflanzt wird am besten nach

der Blüte im frühen Frühjahr, spätestens alle zwei Jahre.

Gießen: Immer dann, wenn die Pflanzen trocken sind, wird gegossen.

Übersprühen: Täglich von Frühjahr bis Herbst kann übersprüht werden, einmal in der Woche unter Hinzugabe von Flüssigdünger.

Düngen: ½ ml Flüssigdünger alle zwei Wochen über das Gießwasser ins Substrat und wöchentliche Sprühdüngungen reichen aus.

Schädlinge und Kulturfehler: Die Pflanzen sind relativ unanfällig. Möglich, wenn auch selten, ist Schildlausbefall.

Duft: *Cirr. cornutum* duftet zart und blumig, wohingegen *Cirr. fascinator* einen unangenehmen, starken Geruch verströmt.

Blütezeit: Spätherbst bis Winter.

Blühdauer: 2 bis 3 Wochen.

Blütengröße: Bei *Cirr. cornutum* beträgt der Längsdurchmesser der Einzelblüte 2 cm, der Durchmesser der Dolde 11 cm. Bei *Cirr. fascinator* beträgt der Längsdurchmesser der Einzelblüte 11 cm.

Besonderheit: Die einzelnen Blüten dieser Gattung, die an einem 30 bis 40 cm langen Blütenstengel herunterhängen, wirken durch ihren vielzähligen Stand in doldenartiger Form.

Tip: Die Blüten kommen am besten in einer Ampel zur Geltung oder auch durch einen Stand auf einer Blumensäule.

Nach dem Verblühen werden die Blütenstengel abgeschnitten.

Vermehrung: Vegetativ durch Teilung bei Pflanzen mit mehr als 6 Bulben.

Coelogyne

Temperatur: Es gibt warm zu haltende Coelogynen (z. B. *Coelogyne massangeana* und *Coel. pandurata*) und solche für den kalten oder temperierten Bereich (z. B. *Coel. cristata*). Die Temperaturansprüche richten sich nach den ursprünglichen Herkunftsländern der jeweiligen Arten. Also bitte beim Kauf darüber informieren.

So erweist sich bei mir *Coel. massangeana* als hervorragend schnellwüchsig im Wohnzimmer bei Temperaturen zwischen 20 und 30°C. Bei diesen Temperaturen treibt die Art entweder ganzjährig oder zumindest im Herbst und im Frühjahr neue Bulben und Blütentriebe.

Coelogyne cristata benötigt von Ende Mai bis Mitte September einen gut belüfteten, leicht schattigen Standort mit nächtlichen Temperaturabsenkungen (draußen, zum Beispiel auf einem Balkon). Wird sie ganzjährig zu warm gehalten, treibt sie durch, d. h., sie bildet nur neue Bulben, aber keine Blüten.

Standort: Südwestlage, Ostfenster, Westfenster oder auch helle, große Nordfenster sind geeignet. Zu heller Standort, etwa reine Südlage, werden von den Pflanzen mit einer Gelbfärbung der Blätter und vor allem auch der dem Licht zugewandten Bulbenseite quittiert.

Substrat: Ein durchlässiges, gut belüftbares Substrat, das schnell abtrocknet, ist wünschenswert (Rindensubstrat mit einem Zusatz von Agrofoam).

Umtopfen: *Coelogyne cristata* reagiert etwas empfindlich auf das Umsetzen. *Coelogyne massangeana* erscheint mir robuster in dieser Hinsicht. Wichtig ist bei der Gattung *Coelogyne* – mehr noch als bei anderen Gattungen – der richtige Zeitpunkt des Umtopfens: auf jeden Fall erst nach der Blüte, wenn sich neue Bulben und Wurzeln zeigen. Das kann bei *Coel. massangeana* das ganze Jahr über sein, bei *Coel. cristata* ist das in der Regel im Frühsommer der Fall. Beide Arten eignen sich wegen der z. T. recht beachtlich langen Blütenstände vorwiegend für Hängetöpfe, die bei *Coel. cristata* zudem noch möglichst flach sein sollten. Weiße Töpfe eignen sich besonders gut, da sie sich nicht so stark erhitzen wie schwarze.

Licht: Man sollte die Pflanzen nach Ende März keiner direkten Sonnenbestrahlung aussetzen. Wie bei so vielen Orchideen ist auch hier der Halbschatten anzustreben, der leicht durch eine Aufhängung der Pflanze im oberen Drittel des Fensters erreicht werden kann. Auch eine Aufhängung an einem Südfenster mit Balkonüberbau oder Markise ist empfehlenswert.

Übersprühen: Ein regelmäßiges sanftes Übernebeln der Pflanzen über die Sommermonate ist dem Wachstum der Pflanze sehr zuträglich und hält zudem Spinnmilben ab.

Gießen: Während des Wachstums sollten Coelogynen reichlich gegossen werden, bis das Wasser unten aus dem Topf läuft. Danach das Substrat abtrocknen lassen. An warmen Sommertagen bei einem

Standort draußen und der Kultur in Rindensubstrat ist das nach 2 bis 3 Tagen der Fall.

Coelogyne cristata benötigt im Herbst eine ausgesprochene Ruhezeit von mindestens 4 bis 6 Wochen, in der sie deutlich weniger gegossen wird. Zeigen sich die Blütenstände, werden die Wassergaben wieder langsam gesteigert. Ständig naß zu stehen kann diese Gattung wie die meisten anderen nicht vertragen.

Düngen: ½ ml bis 1 ml auf 1 Liter Gießwasser werden gut von den Pflanzen vertragen. Gedüngt wird eine Pflanze natürlich nur während der Wachstumsphase. Einmal im Monat sollte das Substrat richtig kräftig durchgespült werden, um eine Düngerkonzentration an den Wurzeln zu vermeiden.

Schädlinge: Über die Wintermonate ist *Coelogyne* recht anfällig gegen Spinnmilben oder auch Thrips.

Bei Befall durch diese Schädlinge sind zunächst die Blätter gut abzuwaschen und dann mit ölhaltigem Spritzmittel nach Gebrauchsanweisung einzusprühen (Kontralineum, Celaflor) (vor Unbefugten sichern). Generell sollte man dann gleichzeitig auch die Kulturbedingungen verbessern, d. h., die Luftfeuchtigkeit steigern. Bei hartnäckigem Befall durch Spinnmilben hilft nach meinen Erfahrungen manchmal nur noch Pentac, das zur Zeit leider nicht zugelassen ist, was sich jedoch schnell wieder ändern kann (beim Pflanzenschutzamt erkundigen und bei Anwendung siehe oben).

Blütengröße: Je nach Art liegt der Blütendurchmesser quer gemessen bei 6 bis 9 cm.

Duft: *Coelogyne cristata* duftet blumig leicht.

Coel. massangeana hat den Duft von Orangenschalen.

Blütezeit: *Coel. cristata* blüht zumeist von Januar bis März mit 3 bis 7 Blüten pro Blütenstengel und bei älteren Pflanzen 7 bis 9 Blütentrieben.

Coel. massangeana blühte bei mir im Herbst und im Frühjahr mit 15 bis 17 Blüten pro Rispe und 1 bis 3 Rispen.

Blühdauer: *Coel. cristata* zwischen 5 und 10 Wochen je nach Blütenanzahl und Trieben.

Coel. massangeana blüht deutlich kürzer: etwa 3 bis 4 Wochen, bei warmem Wetter mit hohen Außentemperaturen nur 2 Wochen.

Nach dem Verblühen werden die Stengel abgeschnitten und die Pflanzen etwas trockener gehalten.

Kulturfehler: Zu feuchte Haltung und zu starkes Übersprühen quittiert die Pflanze mit Blattflecken und Pilzbefall. Mangel an Luftfeuchtigkeit macht sich in Form von dunklen Blattspitzen und Schädlingsbefall (z. B. Spinnmilben) bemerkbar.

Vermehrung: Coelogynen lassen sich leicht auch vom Liebhaber vegetativ vermehren. Aus 2 Bulben mit einem Blütenstengel läßt sich eine neue Pflanze ziehen. Bei *Coel. massangeana* reicht manchmal schon eine einzelne Rückbulbe, was allerdings dann länger bis zur nächsten Blüte dauern kann.

Tip: Coelogynen duschen gerne hin und wieder.

Ich teile diese Pflanzen nur, wenn sie viel zu groß werden. Ansonsten sehen große Pflanzen mit vielen Rispen meiner Meinung nach sehr viel eindrucksvoller aus.

Cymbidien

Temperatur: Die großblütigen Hybriden gedeihen kalt bis temperiert. Mini-Cymbidien sind von den Temperaturansprüchen gemäßigter und gedeihen auch im Wohnzimmer ohne besondere Temperaturabsenkungen.

Ab Mitte Mai sollten Cymbidien bis Mitte September nach draußen in den Garten. Danach die Pflanzen an ein helles Fenster in einem unbeheizten Raum stellen. Glücklich der, der einen Wintergarten besitzt. Er erfüllt am leichtesten die Platz-, Licht- und Temperaturansprüche von Cymbidien.

Während des Ausreifens der Knospen sollten die Pflanzen nicht wärmer als 14 °C stehen, da es sonst zu Knospenabfall kommen kann. Nach Aufgehen der Blüten

Coelogyne pandurata ist eine ausgesprochene Warmhausorchidee und stammt ursprünglich aus Indonesien. Tagsüber bevorzugt sie Temperaturen bis 35 °C bei hoher Luftfeuchtigkeit. Nachts sollten die Temperaturen nicht unter 20 °C abfallen. Diese Pflanze liebt Schatten.

Cymbidien gehören mit zu den beliebtesten Schnittorchideen. Für die Fensterbankkultur sind vom Platz- und Temperaturanspruch her Mini-Cymbidien am besten geeignet.

werden auch Temperaturen um 21 °C vertragen. Bei niedrigeren Temperaturen um 16 °C halten die Blüten allerdings länger.

Substrat: Torf-Rinden-Gemisch.

Umtopfen: Cymbidien sollen möglichst gar nicht umgetopft werden – sie mögen es eng im Topf. Erst, wenn die Pflanze stark über den Topfrand hinausgeht oder der Topf zerstört ist, kann umgetopft werden; doch muß man auch dann den Topf möglichst klein wählen.

Licht: Im Winter sollte man Cymbidien so hell stellen wie nur möglich. Am besten an eine Südseite. Im Sommer sollte man auch diese Orchideen vor praller Sonne schützen.

Übersprühen: Ein tägliches Übersprühen der Pflanzen über die Sommermonate und an hellen Sonnentagen im Winter fördert das Wachstum und Wohlbefinden der Pflanze und beugt Befall durch Spinnmilben vor. Im Sommer bei hohen Temperaturen und einem Standort draußen emp-

Ein Wintergarten bietet die besten Bedingungen für große Cymbidien (aufgenommen im Madal Bal in Münster).

fiehlt es sich sogar, dreimal am Tag zu übersprühen.

Gießen: Während der Wachstumszeit sollte reichlich gegossen werden. Zwischen den einzelnen Wassergaben sollte das Substrat wieder abtrocknen. Nach Ausreifen der neuen Blätter und Bulben etwas trockener halten, um die Blütenbildung in Gang zu bringen.

Düngen: Einmal in der Woche 1 bis 2 ml Flüssigdünger pro Liter Gießwasser und ebenso dosiert wöchentlich dazu eine Blattdüngung durchführen. Ein regelmäßiges, so konzentriertes Düngen ist maßgeblich für Wachstum und Blüte und die beste Vorbeugung gegen Schädlinge.

Schädlinge: Leider werden Cymbidien bei nicht ganz optimalen Pflegebedingungen reichlich von Schädlingen heimgesucht: Thrips, Rote Spinne, Schildläuse. Bei Standort im Garten über Sommer auch: Kellerasseln, Schnecken, Tausendfüßler, Ameisen.

Kulturfehler: Man sollte die Pflanzen draußen vor Regen und Sonne schützen. Am besten eignet sich ein überdachter Balkon als Sommerstandort. Bei zu schwachen Düngergaben, aber auch bei Überdüngung, entwickeln sich die Triebe nur dürftig und setzen mit der Blüte aus.

Im Winter achte man peinlichst genau auf nötige Luftfeuchtigkeit, sonst kehren die Schädlinge ein.

Tip: Wichtig ist das Schälen der alten Cymbidienbulben. Abgestorbene, trockene, alte Blätter schneidet man über der Bulbe ab und reißt sie in der Mitte ein. Man beginnt mit dem äußersten Blatt und arbeitet sich bis zu dem innersten vor. Die einzelnen Blätterhälften werden nach links und rechts abgezogen. Läßt man die abgestorbenen Blätter an der Pflanze, werden diese Teile gerne von Pilzen oder Schädlingen befallen.

Beim Kauf einer Cymbidie sollte man darauf achten, ob man ihren Platzansprüchen und dem mit ihr verbundenen Arbeitsaufwand gerecht werden kann.

Blütengröße: Mini-Cymbidienblüten werden bis 7,5 cm groß, großblütige Cymbidien bis 13 cm.

Duft: Es gibt duftende Naturformen.

Blühdauer: Je nach Temperatur des Standortes und der Entwicklung der Pflanze blühen Cymbidien zwischen 6 Wochen bis zu 3 Monaten. Sie halten sich auch hervorragend als Schnittblumen.

Blütezeit: Viele Arten sind ausgesprochene Winter- oder Frühjahrsblüher.

Wechselwarm zu haltende Dendrobien und Kalthausdendrobien

Dendrobium nobile und Hybriden, *Dendrobium kingianum* etc.

Temperatur: Diese Arten sind während der Wachstumsphase warm zu halten und brauchen zur Blüteninduktion mehrere Wochen lang kühlere Temperaturen. Sie sind darum eigentlich eher als wechselwarm zu bezeichnen, denn auch Kalthaus-

dendrobien vertragen während des Wachstums warme Temperaturen.

Während der Wachstumsphase vom Frühjahr bis Herbst, während des Ausreifens einer neuen Bulbe, können die Temperaturen tagsüber 20 bis 25 °C haben, nachts ist eine Temperatur um 15 °C sehr günstig.

Während der Ruhezeit von Herbst bis Frühjahr müssen die Temperaturen auf 15 bis 17 °C abgesenkt werden, nachts reichen sogar 10 °C aus. Von Mitte Mai bis Mitte September sollten diese Pflanzen am besten nach draußen auf einen überdachten Balkon oder ähnliches, wo die Pflanzen vor Regen, direkter Sonnenbestrahlung und Schnecken geschützt sind.

Substrat: Auf jeden Fall ist bei allen Dendrobien ein reines Rindensubstrat angebracht.

Umtopfen: Ab Frühjahr bis Herbst, wenn sich neue Bulben zeigen, kann umgetopft werden, nicht aber während der Ruhezeit. Dendrobien stehen gerne in Töpfen, die wir selber als viel zu klein empfinden. Deshalb sollte selten umgetopft werden – vgl. die Bemerkung zu *Cymbidium*.

Licht: Dendrobien brauchen soviel indirektes Licht wie möglich. Sie sollten also hell stehen, aber keiner direkten Sonnenbestrahlung über die Mittagsstunden der Sommermonate ausgesetzt sein. Sehr hell sollten diese Dendrobien gerade während der Ruhephase über die Wintermonate stehen.

Standort: Ost-, West- oder Südseite (mit Schattierungsmöglichkeiten).

Übersprühen: Während der Wachstumszeit sollte täglich übersprüht werden, besonders bei hohen Außentemperaturen. Während der Ruhezeit nur an besonders sonnigen Tagen.

Gießen: Während der Wachstumszeit bis zum Ausreifen der Bulben wird reichlich gegossen, aber zwischendurch muß man das Substrat immer wieder abtrocknen lassen.

Während der Ruhezeit und nach Ausreifen der neuen Bulben wird für ein paar Wochen das Gießen ganz eingestellt, bis die Bulben fast schon anfangen zu schrumpfen. In der Regel zeigen sich dann

Dendrobium Mount Fuji trägt duftende, lang haltende Blüten. Sie gehört zu den *Dendrobium-nobile*-Hybriden.

gerade bei *Dendrobium nobile* und Hybriden die Blütentriebe durch Anschwellen der Nodien. Je niedriger die Temperatur, bei der die Pflanzen gehalten werden, desto weniger Wasser.

Wenn *Dendrobium nobile* zweimal im Jahr über mehrere Wochen bei 10 °C gehalten werden kann, sind zwei Blütezeiten im Jahr auch in Fensterbankkultur möglich. Zeigen sich Verdickungen an den Nodien, sollte wieder gegossen und über das Substrat gedüngt werden. Die zweite Blüte ist aber bedeutend spärlicher.

Düngen: Einmal pro Woche 1 ml Flüssigdünger auf ein Liter Sprühwasser. Alle 4 Wochen eine Volldüngung gleicher Konzentration. Während der Ruhezeit wird natürlich nicht gedüngt.

Schädlinge: Spinnmilben und Thrips bei zu trockener Luft. Pilzbefall durch zuviel Feuchtigkeit, bei zu niedrigen Temperaturen und vor allem auch leicht bei Lichtmangel über die Wintermonate!

Kulturfehler: Die Blüte bleibt aus, wenn die Temperaturabsenkungen nicht eingehalten werden.

Tip: Dendrobien gedeihen besonders gut an einer Südseite mit Schattierungsmöglichkeit.

Blütengröße: *Dendrobium kingianum* trägt nur 2 cm große Blüten, während *Dendrobium nobile* und Hybriden einen Blütendurchmesser in der Breite von 6 bis 10 cm erreichen.

Blütenanzahl: *Dendrobium nobile* und Hybriden tragen, wenn man sie in einem Orchideenbetrieb kauft, oftmals 20 bis 70 Blüten! Die Pflanzen sind dann allerdings in der Regel aus Holland importiert und dort in computergesteuerten Gewächshäusern gezogen. Diesen Erfolgsmaßstab auf seine Fensterbank zu übertragen, wäre vermessen. Die Nodien können jeweils nur einmal Blüten austreiben. Darum bekommt die Pflanze die nächsten Jahre nach so einer Rekordblüte auf der Fen-

Diese pinkfarbene *Dendrobium-nobile-*Hybride ist ein Kindel. Die Mutterpflanze wurde bei gleichmäßigen, warmen Temperaturen gehalten, so daß sie durchtrieb und statt der Blüten kleine Pflänzchen bildete. Diese kann man mit einem Stück der Bulbe abschälen, wenn sie gut bewurzelt sind, und separat einpflanzen. Vielleicht nach einem Jahr, eher nach zwei, drei Jahren werden die Kindelpflänzchen selber blühen.

sterbank maximal nur noch 10 bis 15 Blüten, bis sie nach einigen Jahren mehrere neue Bulben ausgebildet hat, die dann allerdings auch, bei optimalen Pflegebedingungen, erneut aus allen Nodien gleichzeitig austreiben können und eine weitere Rekordblüte hervorbringen.

Duft: *Dendrobium nobile* und seine Hybriden duften angenehm blumig. *Dendrobium kingianum* duftet blumig-süß und sehr intensiv.

Blühdauer: *Dendrobium nobile* und Hybriden blühen 5 bis 8 Wochen, bei besonders kräftigen Pflanzen und nicht so hohen Temperaturen auch bis zu 10 Wo-

chen. *Dendrobium kingianum* blüht nur 2 bis 3 Wochen.

Blütezeit ist überwiegend der Winter bis ins Frühjahr hinein. Nach dem Verblühen werden die Blütenstengel abgeschnitten und die Pflanze spätestens alle zwei Jahre umgepflanzt.

Tip zur Vermehrung: Wer seine *Dendrobium nobile* und Hybriden das ganze Jahr über gleichmäßig warm zieht, wird ein rasches Wachstum erreichen. Aber statt der Blütenstengel wachsen aus den Nodien Kindel. Sobald diese 10 cm lange Wurzeln tragen, kann man sie zusammen mit einem Stück der Bulbe abschälen und separat einpflanzen. Solche Pflänzchen können bereits nach einem Jahr blühen.

Temperiert zu haltende Dendrobien

Dendrobium thyrsiflorum,
Dendrobium farmeri,
Dendrobium griffithianum,
Dendrobium chrysotoxum,
Dendrobium densiflorum,
Dendrobium unicum,
Dendrobium primulinum

Temperatur: Die Tagestemperaturen sollten zwischen 18 bis 20 °C, die Nachttemperaturen ein bißchen niedriger liegen. Temperaturmäßig sind diese Arten relativ unkompliziert und blühen auch dann, wenn man die genannten Temperaturen ein bißchen überschreitet.

Licht: So hell wie möglich bei Vermeidung direkter Sonne über die Mittagsstunden der Sommermonate.

Standort: Ost-, West-, oder Südseite.

Substrat: Ein reines Rindensubstrat eignet sich für alle Dendrobien.

Umtopfen: Zu Beginn der Wachstumsphase. Bitte die Töpfe so klein wie möglich wählen.

Übersprühen: Von Frühling bis Herbst tut es den Dendrobien gut, wenn sie übersprüht werden.

Gießen: Es wird reichlich gegossen, bis das Wasser aus dem Topf unten heraus-

Dendrobium thyrsiflorum: Die zahlreichen Blüten dieser Art gehen alle am selben Tag auf und verblühen zwei Wochen später wiederum alle an einem Tag.

läuft. Danach erst wieder gießen, wenn das Substrat ganz trocken ist und sich der Topf leicht anfühlt.

Düngen: ½ bis 1 ml Flüssigdünger, regelmäßig bei jedem 4. Gießen verabreicht, bewirkt ein kräftiges Wachstum und unterstützt den Ansatz von Blüten.

Schädlinge: Spinnmilben und Thrips bei zu trockener Luft über die Wintermonate sind eindeutig auf Pflegefehler zurückzuführen.

Kulturfehler: Wie bei anderen Dendrobien treten manchmal über Winter durch den Lichtmangel bedingt Blattflecken auf. Dann wartet man entweder ab, bis die Tage länger werden und sich die Ausbreitung der Blattflecken von selber gibt und hält die Pflanzen generell etwas trockener, oder man installiert auf die Dauer eine Zusatzbeleuchtung.

Tip: Die wie Ranken herunterhängenden Blütentriebe kommen besonders gut zur Geltung, wenn der Blumentopf auf einer Blumensäule oder auf einem umgedrehten Übertopf steht.

Blütengröße: 4 bis 5 cm. *Dendrobium unicum:* 4 cm. *Dendrobium primulinum giganteum:* 7 cm.

Blühdauer: Die Blüten gehen alle ziemlich zugleich auf, halten nur etwa zwei Wochen und verblühen ebenfalls zugleich. Bei *Dendrobium unicum* hält der einzelne Blütentrieb etwa 3 Wochen, so daß bei einer großen Blütenanzahl und mehreren Trieben die Pflanze auch über 8 bis 9 Wochen blühen kann.

Blütezeit: Frühling bis Frühsommer, bevorzugt Mai.

Blütenanzahl: *Dendrobium unicum* hat je nach Pflege und Temperatur bis zu 30 Blüten bei älteren Exemplaren. *Dendrobium primulinum* trägt etwa 5 bis 8 Blüten, die direkt aus der Bulbe an den Nodien hervorkommen. *Dendrobium griffthianum* trägt nur 8 bis 20 Blüten, alle anderen obengenannten Dendrobien blühen pro Stengel mit 20 bis 30 Blüten, die in Dolden herunterhängen.

Duft: *Dendrobium unicum* duftet leicht nach Zitrone. *Dendrobium primulinum* duftet primelartig.

Vermehrung: Für den Laien kommt nur eine Vermehrung durch Teilung oder durch Kindel in Frage.

Warmhausdendrobien

Dendrobium phalaenopsis, Dendrobium bigibbum, Dendrobium bigibbum var. *compactum, Dendrobium cruentum, Dendrobium Dawn Marie, Dendrobium Winterdawn, Dendrobium miyakei, Dendrobium spectabile, Dendrobium Ekapol,* Antilopendendrobien: *Dendrobium antennatum, Dendrobium helix. Dendrobium minax, Dendrobium* Autumn Lace 'Florida Twist', *Dendrobium* Hawaian Gem,

Temperatur: Warme bis temperierte Temperaturanforderungen stellen diese Dendrobien. Sie können das ganze Jahr gleichmäßig gegossen und gedüngt werden. Das nennt man „durchkultivieren". Sollte einmal die Blüte trotz zufriedenstellendem Wachstum der Pflanze ausbleiben, kann man mit geringfügigen Temperaturabsenkungen versuchen, den Blütenansatz herbeizuführen.

Substrat: Reines Rindensubstrat mit Holzkohlestücken sorgt für gute Durchlüftung der Wurzeln und verhindert Pilze im Substrat.

Umtopfen: Wenn die neue Bulbe eine Größe von 5 cm hat, ist der beste Termin, oder aber generell das Frühjahr.

Licht: Den Winter über sollten die Pflanzen sehr hell stehen, im Sommer muß aber bei einem Standort an der Südseite schattiert werden.

Standort: Am unkompliziertesten ist eine Ost- oder Westlage der Fenster. Wenn halbe Gardinen vor den Fenstern sind oder es andere Schattierungsmöglichkeiten gibt, können diese Dendrobien auch während des Sommers an einer Südseite stehen.

Übersprühen: Außer im Winter kann man die Pflanzen täglich fein übernebeln. Im Winter werden Dendrobien nur dann übersprüht, wenn sie direkt über einer Heizung stehen.

Dendrobium cruentum ist ein Dauerblüher. Diese Art blüht aus jedem Vegetationspunkt von unten am Blütenstengel nach oben und erreicht so erstaunlich lange Blütezeiten über das ganze Jahr hinweg. Ihr Geruch ist nur aus unmittelbarer Nähe wahrzunehmen und wird teilweise nicht als angenehm empfunden.

Dendrobium Dawn Marie ist eine Kreuzung mit *Dendrobium cruentum*, bei der die markante, rotgezahnte Lippe erhalten geblieben ist.

Dendrobium Winterdawn trägt ein bis zwei lang haltende Blüten stets an den oberen 2 cm der Bulbe. Die älteren Bulben treiben bei guter Pflege noch ein bis zwei Jahre lang weitere Blüten aus.

Antilopendendrobien haben ihren Namen von den gedrehten und schraubenförmigen Blütenblättern, die an Antilopengehörn erinnern (aufgenommen im „World of Orchids", Florida).

Gießen: Während der Wachstumszeit sollte man diese Arten reichlich gießen und dann ganz abtrocknen lassen.

Düngen: 1 ml Flüssigdünger auf 1 l Sprühwasser wöchentlich während der Wachstumsphase kräftigt die Pflanzen deutlich wahrnehmbar, wenn man dazu einmal im Monat eine ebensolche Düngung über das Substrat durchführt.

Schädlinge: Spinnmilben, Schildläuse, Thrips.

Kulturfehler: Aus mangelnder Luftfeuchtigkeit treten diese drei zuvor genannten Schädlinge auf. Bei zu hoher Luftfeuchtigkeit und gleichzeitig zu niedrigen Temperaturen kommt es zu Pilzbefall, insbesondere, wenn über längere Zeit Wassertropfen auf den Blättern standen oder aber im Winter das Lichtangebot für die Pflanzen nicht ausgereicht hat.

Tip: Wer Orchideen hängend über Dendrobien kultiviert, muß auf Pilzbefall besonders achten.

Sehr zu empfehlen sind *Dendrobium miyakei* und *Dendrobium cruentum*. Sie bringen von Frühjahr bis Sommer einen Blütenstengel nach dem anderen hervor. So blühte bei mir ein *Dendrobium miyakei* von Februar bis November und mein *Dendrobium cruentum* sogar 11 Monate hintereinander!

Blütengröße: 3 bis 8 cm je nach Art und Hybride.

Blütenanzahl: Sie variiert je nach Art und Hybride zwischen 6 und 10 Blüten *(Dendr. phalaenospis)* und 30 bis 40 bei einer der Antilopendendrobien.

Blühdauer: 3 bis 7 Monate, manche Arten, wie oben beschrieben, auch 10 bis 11 Monate, also deutlich länger als die Kalthausdendrobien.

Blütezeit: Ganzjährig, bevorzugt im Frühjahr und Frühsommer.

Vermehrung: Starke Pflanzen mit mehr als 6 Pseudobulben können durch Teilung vegetativ vermehrt werden.

Dendrobium arachnites ist eine ausgesprochene Mini-Orchidee. Sie trägt einzigartige Blüten, die leicht nach Zitrone duften.

Doritis pulcherrima ist ein beliebter Kreuzungspartner für *Phalaenopsis* und ihr sehr ähnlich im Wuchs. Die daraus entstehenden *Doritaenopsis* tragen meist leuchtend pinkfarbene Blüten auf geraden Blütenstengeln.

Doritis pulcherrima

Temperatur: *Doritis pulcherrima* gleicht nicht nur in ihrem Äußeren, sondern auch in ihren Temperaturansprüchen der *Phalaenopsis*. Sie gedeiht sowohl warm als auch temperiert und kommt mit Temperaturen zwischen 18 und 24 °C aus. Im Winter sollte die Temperatur nicht längere Zeit unter 16 °C abfallen.

Substrat: Rinden-Torf-Gemisch.

Umtopfen: Im Anbetracht der empfindli-chen Wurzeln von *Doritis* würde ich ein jährliches Umtopfen im Frühjahr empfehlen. *Doritis pulcherrima* nimmt mangelnde Belüftung im Plastiktopf sehr übel. Eine Verdichtung des Substrates ist durch regelmäßiges Umtopfen zu vermeiden.

Licht: Die Pflanzen sind hell zu halten, aber nicht direkter Sonnenbestrahlung über die Sommermonate auszusetzen.

Übersprühen: Ab Frühling bis Herbst sollten die Pflanzen täglich leicht übernebelt werden.

Gießen: Diese Gattung Pflanzen kann lieber etwas trockener als *Phalaenopsis* gehalten werden. Das Substrat sollte vor dem nächsten Gießen auf jeden Fall wieder gut abgetrocknet sein.

Düngen: Man sollte bevorzugt Blattdüngungen verabreichen und nur alle 2 Monate vorsichtig und nur ½ ml pro Gießwasser über das Substrat düngen. Die Wurzeln dieser Gattung sind gegenüber den Düngersalzen besonders empfindlich.

Schädlinge: *Doritis* hat festere Blätter als *Phalaenopsis* und ist verhältnismäßig widerstandsfähig gegen Schädlingsbefall. Dennoch kann es zu Befall durch Schild- oder Wolläuse kommen.

Kulturfehler: Staunässe bekommt dieser Gattung ganz und gar nicht. Durch regelmäßiges Umtopfen und vorsichtiges Gießen können Pflegefehler aber vermieden werden.

Tip: Anders als bei *Phalaenopsis* werden die Blütentriebe nach dem Verblühen bis auf 2 cm über dem Stamm abgeschnitten.

Vermehrung: Die Gattung *Doritis* treibt an den Seiten des Stammes kleine Pflänzchen aus, die, wenn sie groß genug geworden sind, abgenommen und separat eingepflanzt werden können.

Blütengröße: 2 bis 3 cm.

Blühdauer: 2 bis 5 Monate, je nach Anzahl der Blüten und Blütenstengel.

Blütezeit: Meist Herbst bis Winter.

Encyclia

Diese Gattung ist eng verwandt mit den Epidendren. Verwirrend für den Laien ist die Tatsache, daß manche Arten in der Literatur unterschiedlich eingeordnet und entweder zu *Epidendrum* oder zu *Encyclia* gerechnet werden.

Die Kulturratschläge gelten darum zunächst nur für folgende Arten:

Encyclia cochleata, Encyclia cordigera, Encyclia fragrans, Encyclia vitellina.

Encyclia vitellina x radiata blüht sehr ausdauernd im Spätsommer. Ihre sonnenblumengelben Blüten werden mit der Zeit immer blasser. Ihr zarter Duft jedoch bleibt bis kurz vor dem Verblühen erhalten.

Encyclia cochleata hat zumeist einen vielblütigen Blütenstand. Die Blüten stehen „auf dem Kopf", mit der Lippe nach oben.

Temperatur: Die Encyclias liegen mit ihren Temperaturansprüchen in einem Bereich zwischen temperiert und warm, den ich hier gerne als „mäßig warm" bezeichnen möchte. Temperaturen zwischen 18 und 21 °C sind ideal für Wuchs und Blütenbildung. Nachts soll, aber muß nicht die Temperatur um einige wenige Grad abfallen.

Licht: Encyclias sind ebenso unempfindlich gegen pralle Sonne wie Cattleyas, obwohl sie z. T. weitaus weichere Blätter haben. Allerdings müssen auch sie an Südfenstern im Sommer über die Mittagsstunden schattiert werden.

Standort: Die besten Erfahrungen habe ich bisher mit ihrem Stand an der Südseite gemacht. Im Sommer können Encyclias nach draußen. Ein Standort draußen tut ihnen zwar gut, aber sie brauchen die dortigen Temperaturen nicht notwendig zu ihrer Blütenbildung.

Substrat: Zu empfehlen ist eine Torf-Rinden-Mischung.

Umtopfen: Umgetopft wird, wie bei den meisten Orchideen, zur Wachstumszeit oder nach der Blüte.

Übersprühen: Man kann die Pflanzen täglich einmal von Frühling bis Herbst sprühnebeln.

Gießen: Zur Wachstumszeit sind sie ausreichend zu wässern. Zwischen den einzelnen Wassergaben muß das Substrat immer wieder abtrocknen.

Encyclia fragrans macht nach der Blüte eine Ruhezeit durch, in der man entweder für acht Wochen das Gießen ganz einstellt oder aber deutlich verringert, bis sich die neuen Bulben zeigen. Hält man die Pflanzen temperiert, wird dementsprechend natürlich weniger gegossen.

Düngen: Gedüngt wird etwa 1 ml Flüssigdünger auf 1 l Gießwasser bei jedem vierten Gießen. In derselben Konzentration werden Blattdüngungen wöchentlich durchgeführt.

Schädlinge und Kulturfehler: Spinnmilben kehren bei zu niedriger Luftfeuchtigkeit ein. Läuse können mit Blumensträußen aus dem Garten eingeschleppt werden.

Blütengröße: Je nach Art und Hybride 3 bis 6 cm. Die Blüten von *Encyclia fragrans* sind 5×4 cm groß. Ganze 6½ cm erreichen die Blüten von *Encyclia cochleata* im Längsschnitt.

Blütenanzahl: Die Blütenstengel tragen je nach Art und Hybride 4 bis 10 Blüten.

Blühdauer: Viele Encyclias halten ihre Blüten 8 Wochen lang, manche Arten sogar noch länger – bis zu 6 Monate. *Encyclia fragrans:* 6 Wochen. *Encyclia cochleata:* ca. 7 Wochen.

Duft: *Encyclia cordigera* duftet sehr angenehm und an Sonnentagen auch recht intensiv. *Encyclia vitellina* $\times$ *radiata* duftet süßlich vanilleartig, *Encyclia fragrans* süß und schwer.

Blütezeit: *Encyclia cordigera* blühte bisher bei mir immer von Juni bis August. *Encyclia vitellina* ist ein Frühjahrsblüher.

Epidendrum

Epidendrum radicans,
Epidendrum ibaguense,
Epidendrum xanthius,
Epidendrum Joseph Lii,
Epidendrum difforme,
Epidendrum pseudepidendrum

Epidendrum Joseph Lii ist eine *Epidendrum-radicans*-Kreuzung. Die rot-orangefarbigen Blüten halten mehrere Monate und blühen von unten nach oben am Stengel auf. Die Gruppe der schilfförmigen Epidendren läßt sich leicht durch „Stecklinge" vermehren.

Epidendrum pseudepidendrum vereint drei Farben in einer Blüte: die Petalen und Sepalen sind grün, die Säule rosa bis pink und die Lippe leuchtend orange. Die Blüte hält lange, und die alten Blütenstengel treiben in jedem Jahr wieder neue Blüten aus. Die Pflanzen werden aber über 1 m hoch.

Temperatur: Epidendren gedeihen sowohl temperiert als auch warm.

Sie sind, was den Temperaturbereich angeht, ziemlich anpassungsfähig. Wichtig ist, daß man der jeweiligen Temperatur auch das Gießverhalten und Sprühverhalten anpaßt. Je höher die Temperatur, desto feuchter muß die Pflanze gehalten werden, und je niedriger die Temperatur, desto trockener.

Für *Epidendrum pseudepidendrum* möchte ich durchaus eine Empfehlung für das Warmhaus geben, da sie dort besonders schnell wächst und unkompliziert zur Blüte kommt. Zu bedenken ist allerdings, daß diese Orchidee recht groß werden kann (1 m bis 1,80 m).

Licht: Alle oben aufgeführten Arten bevorzugen einen mäßig hellen Standort im Sommer, vor allem natürlich keine direkte Sonnenbestrahlung. Ein Zuviel an Sonne macht sich durch eine Rotverfärbung der Blätter bemerkbar. Also sind Ost- oder Westfenster im Sommer und Südfenster im Winter gut geeignet, insbesondere bei Winterblühern. Ideal ist vor allem ein überdachtes Südfenster.

Substrat: Eine Torf-Rindensubstrat-Mischung mit Holzkohle und Schaumstoffstückchen hat sich bei meinen Epidendren bisher bestens bewährt.

Umtopfen: Alle zwei Jahre kann man ab Frühjahr bis September umtopfen.

Vermehrung: Sehr einfach lassen sich gut bewurzelte Kopf„stecklinge" oder aber Keikis (Kindel) bei den ersten vier der obengenannten Epidendren abnehmen und so problemlos vermehren. Durch Teilung vermehrt man die übrigen.

Übersprühen: Von Frühling bis Herbst kann täglich übersprüht werden. Die Pflanzen mögen gerne auch mal zwischendurch geduscht werden. So kann man gut den Staub abbekommen, der sich über längere Zeit dort ansammelt. Ab Herbst über Winter sollte keinesfalls gesprühnebelt werden, da es sonst leicht zu Pilzbefall kommt. Epidendren sind bei niedrigen Temperaturen und in der lichtarmen Jahreszeit sehr empfindlich gegen Nässe und zu hohe Luftfeuchtigkeit.

Gießen: Während der Wachstumszeit kann reichlich gegossen werden, wenn man immer wieder danach das Substrat gut abtrocknen läßt.

Düngen: Einmal wöchentlich wird 1 ml Flüssigdünger einem Liter Sprühwasser hinzugefügt. Alle 4 Wochen sollte man die Pflanzen in gleicher Konzentration über das Substrat düngen. Über Winter bitte nicht düngen!

Schädlinge und Kulturfehler: Thrips oder Spinnmilben stellen sich schnell bei zu niedriger Luftfeuchtigkeit ein und sind in Zimmerkultur leider häufig. Pilzerkrankungen entstehen durch zuviel Luftfeuchtigkeit und durch falsches Übersprühen.

Tip: Nehmen Sie es mit der Sprühdüngung besonders ernst! So kann man Schädlingsbefall gut vorbeugen, indem man die Widerstandskraft der Pflanze stärkt und versucht, ihr die bestmöglichen Bedingungen zu verschaffen.

Blütengröße: *Epidendrum radicans* und andere schilfförmige Epidendren haben ca. 4 cm große Blüten. *Epi. difforme* trägt 2 bis 4 cm große Blüten. Die dreifarbigen Blüten von *Epi. pseudepidendrum* werden 6½ cm groß.

Blühdauer: *Epidendrum radicans* und verwandte Epidendren: 3 bis 7 Monate. *Epi. difforme:* 6 Wochen. *Epi. pseudepidendrum:* etwa 8 Wochen.

Duft: *E. nocturnum* duftet, wie der Name bereits verrät, nur in den Abendstunden und nachts. Der Duft von *E. difforme* ist zitronen- oder limonenartig.

Blütezeit: Die meisten Epidendren sind Winter- oder Sommerblüher. *Epidendrum pseudepidendrum* blüht auch mehrmals pro Jahr und jeweils immer wieder auch aus den alten Blütenstengeln. Darum sollte man die Blütenstiele immer stehen lassen und nie nach der Blüte abschneiden.

Laelia, Laeliocattleya und Sophrolaeliocattleya

Die Arten der Gattung *Laelia* und die genannten Mehrgattungshybriden sind in jeglicher Hinsicht in der Kultur wie *Cattleya* zu behandeln. Sie unterscheiden sich für den Laien auf den ersten Blick zunächst nur in der Blütengröße von *Cattleya*, denn sie sind in der Regel kleinblütiger, oft dafür aber mehrblütiger als Cattleyen. Blütengrößen von 5 bis 8 cm sind die Regel bei z. B. der reingelben *Laelia flava* und der apricot-orangen *Laelia milleri* oder auch *Laelia-praestans*-Kreuzungen. Die Blüten halten 6 bis 8 Wochen. Dies ist abgesehen von den kräftigen Farben und dem kompakteren Wuchs ein Grund für die Einkreuzung in die Gattung *Cattleya*. Recht beliebt und häufiger in den letzten Jahren im Angebot sind die gelb-orangefarbene *Laeliocattleya* Sinola und die leuchtend rote *Laeliocattleya* Rojo. Sie haben Blütengrößen zwischen 8 und 9 cm und blühen 3 bis

Laeliocattleya Gold Digger verdient ihren Namen zu Recht. Bei guter Pflege blüht sie leuchtend sonnengelb. Sie ist unkompliziert im Wuchs, und die Blüten sind sehr ausdauernd.

6 Wochen lang. Andere Laeliocattleyen, wie zum Beispiel *Laeliocattleya* Mini Purple werden sogar 10 bis 11 cm groß.

Die Sophrolaeliocattleyen erobern stetig weiterhin den Markt. Sie sind sehr gefragt wegen ihrer wunderschönen cattleya-artigen Blüten (bis 12 cm Größe), ihrer oft in

Laeliocattleya Mini Purple 'Lea' hat wunderbare Blüten und einen Geruch, den manche nicht als Duft bezeichnen mögen.

Laelia flava hat zitronengelbe Blüten, die mindestens acht Wochen lang halten.

Sophrolaeliocattleya Hazel Boyd 'Eureka' (links) und 'Elisabeth' (rechts) sind begehrte Kreuzungen. Sie gedeihen gut in unseren Wohnzimmern, blühen lange und haben ansprechende Farben, die nur schwach blasser werden, bevor sie verblühen.

kräftigem Rot und Orange leuchtenden Farben, ihrer für die Fensterbank sehr platzsparenden Größe und einer Blühdauer von 2 bis 3 Monaten.

Natürlich hängen die Größe und die Blühdauer einer Blüte zum einen von den genetischen Voraussetzungen, also von den jeweiligen Elternteilen ab, zum anderen aber auch von dem Pflegezustand einer Orchidee.

Insgesamt würde ich diese Gruppe innerhalb der Orchideen als ziemlich unproblematisch bezeichnen. Manche Exemplare erweisen sich als besonders wuchs- und blühfreudig und blühen zweimal im Jahr. Sie können große Wassermengen vertragen und über die meiste Zeit des Jahres auch direkte Sonne. Da die Blätter sehr hart und fest sind, werden sie nur selten von Schädlingen befallen. Allerdings werden *Laelia*-Orchideen – wie auch schon von *Cattleya* beschrieben – leicht von Wolläusen befallen, wenn die Luftfeuchtigkeit zu gering ist.

Lycaste aromatica

Temperatur: Die Tagestemperaturen können zwischen 18 und 24 °C liegen, die Nachttemperaturen um 16 bis 18 °C. Im Winter schadet es der Pflanze nicht, wenn die Temperaturen noch ein paar Grad niedriger liegen.

Licht: Im Sommer ist etwas diffuses Licht an einer Südseite am vorteilhaftesten, wie es etwa hinter einer teilweise lichtdurchlässigen Gardine der Fall ist. Ab Spätsommer bis April wird die volle Sonne vertragen.

Ein Sonnenbrand oder Blattflecken sind bei dieser Gattung nicht so tragisch, da sie in jedem Winter die Blätter abwirft.

Standort: Bisher habe ich meine Lycasten an der Westseite, Südost- und Südwestseite mit gutem Erfolg kultiviert.

Substrat: Ein Rindensubstrat wirkt sich sehr positiv auf die Pflanze aus, da ihre Wurzeln darin viel frische Luft bekommen.

Schon der Name von *Lycaste aromatica* läßt erahnen, daß diese Orchidee duftet: sehr würzig und mit einem Hauch von Vanille.

Bei *Lycaste* Auburn fallen die großen Blätter über die Wintermonate ab. Sie benötigt dann eine Ruhepause bis zum Neuaustrieb.

Umtopfen: Höchstens alle zwei Jahre, wenn sich das Substrat zu zersetzen beginnt. Beste Umtopfzeit ist ab März bis Mai.

Übersprühen: Lycasten gehören zu den wenigen Orchideen, die mitunter recht empfindlich auf ein Übersprühen reagieren. Wie bei Calanthen sammelt sich bei ihnen das Wasser in den Neutrieben wie in einem Trichter, und es besteht die Gefahr, daß diese abfaulen.

Gießen: Es wird während der Ausbildung des neuen Blättertriebes reichlich gegossen, wenn das Substrat vorher wieder ganz trocken geworden ist. Nach Abfall der Blätter wird das Gießen drastisch auf ein Minimum den Winter über reduziert. In manchen Büchern wird für diese Zeit eine strenge Ruhephase ohne Gießen empfohlen. Dem kann ich mich allerdings nicht anschließen.

Düngen: 1 ml Flüssigdünger wird bei jedem vierten Gießen dem Gießwasser hinzugefügt. Eine Blattdüngung kommt, wenn überhaupt, erst nach Abschluß der Blattentwicklung in Frage.

Man sollte es gerade bei den Lycasten mit einer regelmäßigen Düngung sehr genau nehmen, da sie jedes Jahr erneut erst ihre Blätter entwickeln müssen und viel Kraft dafür brauchen. Sie sind darin durchaus mit den laubabwerfenden Calanthen zu vergleichen. Durch die Haltung in Rinde bedingt, waschen sich die Düngesalze schnell wieder durch das reichliche Gießen aus.

Ob die Pflanze genügend Nährstoffe regelmäßig zugeführt bekommen hat, zeigt sie selber anhand ihrer Blütenanzahl und der Dicke ihrer Bulben an.

Schädlinge und Kulturfehler: Bei zu niedriger Luftfeuchtigkeit muß man mit Spinnmilben rechnen. Oft kommt es zu einem Befall erst im Herbst oder Winter in der Heizperiode, wo ohnehin die Blätter ganz unansehnlich werden und abfallen. Somit lohnt sich ein Einsatz von chemischen Schädlingsbekämpfungsmitteln zumeist nicht.

Lieber sollte man bei einem Spinnmilbenbefall die Blätter etwas vorzeitiger abschneiden und die Pflanze gut an den Bulben abwaschen oder duschen.

Tip: Wegen ihrer großen, jährlich im Herbst oder Winter abfallenden Blätter benutze ich diese Gattung gerne als Sonnenschirm für empfindlichere Orchideen.

Blütengröße: 7 bis 9 cm, je nach Art und Hybride.

Blütenanzahl: Die Anzahl der Blüten ist bei dieser Gattung sehr unterschiedlich. Manche großblütigeren Lycasten tragen nur ein oder zwei Blüten, wo hingegen kleinblütigere wie die sonnengelbe *Lycaste aromatica* 7 bis 14 Blütenstengel mit je einer Blüte tragen.

Duft: *Lycaste aromatica* hat mit Recht diesen Namen inne, denn ihr Duft ist sehr stark aromatisch und erinnert mich an eine Mischung zwischen Vanille und Zitrone.

Blütezeit: Nach meinen beiden *Lycaste-aromatica*-Exemplaren kann ich die Jahreszeitenuhr stellen, so pünktlich sind sie. Stets im März beginnt die Wachstumsphase mit Erscheinen des neuen Blättertriebes. Im Mai oder Juni erscheinen die Blütentriebe am Fuße des noch nicht ausgereiften neuen Blättertriebes. Meine beiden *Lycaste aromatica* blühen seit 5 Jahren zuverlässig immer ab Juli/August.

Blühdauer: 6 bis 7 Wochen.

Nach dem Verblühen werden die Blütenstengel abgeschnitten.

Vermehrung: Auch hier kommt für den Laien nur eine vegetative Vermehrung durch Teilung in Frage. Bitte nur teilen, wenn die Pflanze mindestens 6, besser aber noch mehr Bulben hat.

Masdevallia

Temperatur: Viele Masdevallien sind kalt zu kultivieren. Daneben gibt es aber auch einige, die temperiert oder warm zu halten sind. Geeignet sind für kalt zu kultivierende Masdevallien unbeheizte Zimmer aller Art, z. B. Schlafzimmer, Toiletten, Treppenaufgänge oder helle Kellerräume.

Viel Frischluft ist sehr günstig. Neuerdings werden auch immer mehr Arten für den temperierten und warmen Bereich angeboten. Fazit: Man muß sich beim Erwerb einer Masdevallia genauestens über ihren Temperaturbereich informieren!

Licht und Standort: Masdevallien gedeihen gut im Schatten anderer Pflanzen an

Die Blüte von *Masdevallia* Whiskers ist ein kleines Kunstwerk. Sobald Sonnenstrahlen auf die Blüte fallen, schillern unzählige rote Kügelchen wie Tautropfen darauf.

Nord- oder Westfenstern. Für schnelles Wachstum sorgt auch ein Standort an der Südseite in hinterster Reihe auf der Fensterbank, also gut von anderen Pflanzen vor direktem Sonnenlicht geschützt.

Substrat: Reines Rindensubstrat, wenn möglich feinkörnig, sorgt für rasches Abtrocknen, muß aber dann auch alle paar Tage wieder gegossen werden.

Umtopfen: Eigentlich zu jeder Zeit, wenn man auf die folgende Art umtopft: Die Pflanzen sollten prinzipiell nur in Gittertöpfchen gesetzt werden. Man kann dann ganz einfach die Pflanze mit Topf in einen etwas größeren Gittertopf setzen. Eine günstige Umtopfzeit ist das Frühjahr, da sich gerade dann die neuen Wurzeln bilden und das neue Substrat durchdringen können.

Übersprühen: Gar nicht, höchstens zur Blattdüngung. Die Blütentriebe am Fuße der Blättchen würden in den Hüllblättern verfaulen.

Gießen: Masdevallien lieben es zwar feucht, aber auch ihnen bekommt es wesentlich besser, wenn sie zwischenzeitlich kurz abtrocknen können. Lediglich das völlige Austrocknen der Wurzeln muß vermieden werden.

Düngen: ½ ml Flüssigdünger auf 1 l Wasser als Blattdüngung und alle 4 bis 6 Wochen über das Substrat sind bei Masdevallien angemessen.

Schädlinge: Wer seine Masdevallien in Sumpfmoos kultiviert, sollte mit Schnecken rechnen.

Kulturfehler: Bei stehender Nässe und mangelnder Luftbewegung entsteht leicht Pilzbefall, und die Neutriebe verfaulen. Bei zu warmem Standort bleibt bei den kalt zu kultivierenden Arten die Blüte aus.

Blütengröße: Die eigentliche Blüte ist sehr klein, 2 bis 4 cm, wenn auch die Petalen lang herunterhängen.

Blühdauer: 2 bis 4 Wochen. Bei *Masdevallia ignea* 6 Wochen und bei *Masdevallia militaris* über 8 Wochen. Aber bei guter Pflege ist eine Blüte mehrmals im Jahr hintereinander möglich.

Blütezeit: Je nach Art unterschiedlich. Bevorzugt im Frühjahr oder im Herbst.

Nach der Blüte werden nur die Blütentriebe abgeschnitten, die eintrocknen.

Tip: Ich halte die warm zu kultivierenden Masdevallien für eine gute Anfängerorchidee. Sie wird nur selten von Schädlingen befallen, ist sehr kleinwüchsig, und liebt es etwas feuchter.

Miltassia

Miltassia ist eine Kreuzung aus *Miltonia* und *Brassia*. Sie besticht durch ihre bizarren, sternförmigen Blüten, die zumeist dazu noch kräftige Farben besitzen und eine interessante Zeichnung tragen. Von den Kulturansprüchen her ist sie mit *Brassia* in allem gleich zu behandeln – allerdings sind die Temperaturansprüche unterschiedlich, je nachdem, welche *Miltonia* bei der Kreuzung verwendet wurde.

Die Vertreter dieser Gattungshybride sind nicht ganz einfach in der Pflege.

Oft erweisen sie sich als problematische, langsame Wachser und sind nicht einfach wieder zum Blühen zu bringen. Darum sind sie auch für Anfänger nicht geeignet. Einige Züchter haben mir beim Kauf meiner Exemplare empfohlen, sie dermaßen der Sonnenbestrahlung auszusetzen wie eine *Cattleya* und erst kurz vor dem Verbrennen der Blätter zu schattieren.

Genau wie *Cattleya* sollte man Miltassien in reinem Rindensubstrat kultivieren.

Blütezeit: *Miltassia* ist ein ausgesprochener Herbstblüher.

Blühdauer: Ca. 6 Wochen .

Blütengröße: Sie beträgt 13 bis 14 cm im Längsdurchmesser.

Blütenanzahl: Meine Exemplare trugen bisher nur 4 bis 5 Blüten, sind allerdings auch noch verhältnismäßig junge Pflanzen.

Tip: Miltassien haben leider von den Miltonien die unangenehme Anlage zum Ziehharmonikawuchs geerbt – der offenbar in erster Linie bei mangelnder Luftfeuchtigkeit auftritt.

Diese farblich markante *Miltassia* ist nicht einfach wieder zum Blühen zu bringen. Sie braucht viel Licht und Temperaturen wie eine *Cattleya*.

Miltonia

Temperatur: Es gibt kälter zu haltende Arten, die ursprünglich aus den Nebelwäldern stammen, und wärmer zu haltende Arten.

Die meisten angebotenen Miltonien sind jedoch Hybriden mit eher kühl lebenden Arten und wachsen am besten bei Temperaturen zwischen 15 und 18°C. Es gibt aber auch Hybriden mit eher wärmeliebenden Arten; diese sollte man bei Temperaturen zwischen 21 und 24°C halten. Nach der Blüte kann man, muß man aber nicht, diese Pflanzen bei 18°C halten. Wenn die Pflanzen die Pseudobulben ausgebildet haben, bewirkt meist eine derartige Temperaturabsenkung eine Blüteninduktion innerhalb weniger Wochen.

Standort: Als sehr geeignet erweisen sich Ostfenster. Aber auch Westfenster sind zu empfehlen. Ein Südfenster im Sommer ist nur dann möglich, wenn eine ausreichende Schattierung vorhanden ist und sich der Standort nicht gerade in der ersten Reihe auf der Fensterbank dicht am Glas befindet.

Substrat: Ein Rinden-Torf-Gemisch mit Agrofoam ist bei Hybriden am besten angebracht, reines Rindensubstrat dagegen bei Naturformen.

Umtopfen: Anfänger sollten jährlich ihre Miltonien im Frühjahr nach der Blüte umsetzen. Erfahrenere Orchideenliebhaber alle 2 Jahre. Auf gute Drainage achten!

Licht: Schon die zarten Blätter verraten die Vorliebe für den halbschattigen Standort. Werden die Blätter gelbgrün oder gar rot, steht die Pflanze zu hell. Über die Sommermonate sollte man die Pflanzen am besten in die zweite oder dritte Reihe auf der Fensterbank stellen oder auf ein Blumentischchen.

Übersprühen: Vorsicht bitte beim Übernebeln mit lauwarmem Wasser. Die Düse muß dabei auf Feinsteinstellung stehen. Staunässe in den Blattachseln bewirkt Gelb- oder gar Braunwerden der Blätter (Fäulnis!). Wer dagegen seine Miltonien nicht übersprüht, riskiert Befall durch Rote Spinne (Spinnmilben).

Gießen: Miltonien sind nicht ganz einfach in der Handhabung. Hier gilt es vor allem, das richtige Maß und den rechten Zeitpunkt für das Gießen einzuhalten. Miltonien in Blüte reagieren sehr empfindlich auf eine völlige Abtrocknung des Substrates: Die Blütenränder trocknen ein. Auf der anderen Seite bewirkt ein ständiges Zu-feucht-Halten sicher Fäulnis. Nach der Blüte werden die Pflanzen etwas trockener gehalten.

Düngen: ½ ml Flüssigdünger auf 1 l Wasser wird von den feinen Miltoniawurzeln am besten vertragen. Möglichst sollten die Pflanzen vor einer Düngung schon einmal gegossen werden, da Miltonien auf Dünger sehr empfindlich reagieren können und so die Gefahr eines Verbrennens der Wurzeln gemildert wird. Bitte nur alle vier Wochen düngen! Eine Blattdüngung wöchentlich in derselben Konzentration ist zusätzlich sehr zu empfehlen.

Schädlinge: Gerade bei *Miltonia* empfiehlt es sich, im Herbst vorbeugend mit Pentac gegen Spinnmilben zu sprühen (Gebrauchsanweisung beachten, Mittel vor Unbefugten gesichert aufbewahren),

Miltonia warscewizcii ist eine *Miltonia*-Naturform mit glänzender Lippe, gewellten Blütenblätterrändern und duftenden Blüten. Sie ist ein Dauerblüher unter den Miltonien, denn sie entwickelt aus jeder Nodie am Stengel einen neuen Seitentrieb und zwar von oben nach unten.

Diese weißgrundige *Miltonia* besticht durch ihre strahlenförmige Zeichnung. Miltonien haben im Volksmund den Namen „Stiefmütterchenorchideen". Diese Hybride trägt 13 cm hohe Blüten und blüht teilweise zweimal im Jahr.

Diese *Miltonia* vom Typ „Wasserfall" (was kein offizieller Name ist) gehört mit zu den beliebtesten *Miltonia*-Kreuzungen. Sie wird nach ihrer schönen Zeichnung benannt, der starken in Punkten verlaufenden Strahlung.

denn die Milben stellen sich meist zugleich mit der Heizperiode ein und können den Wuchs der Pflanzen bei schlimmem Befall schon tüchtig beeinträchtigen. Viele Leute können Spinnmilben nur mit der Lupe erkennen.

Pflanzen, die ich im Herbst vorbeugend mit Pentac behandelt habe, waren im nächsten Frühjahr deutlich kräftiger und ungestörter in Wuchs und Blüte als die erst nach Befall behandelten Exemplare.

Tip: Gelbe oder braune Blätter sollte man stets ganz entfernen. Verblühte Blütenstände müssen frühzeitig abgeschnitten werden, bevor die Blüten von selber herunterfallen. Eine nur wenige Stunden auf einem Blatt liegende verblühte Miltoniablüte kann Fäulnis verursachen.

Miltonien sollte man ab der Heizperiode mindestens alle paar Tage auf Spinnmilbenbefall untersuchen. Bei den ersten Anzeichen von Befall muß man sofort die Pflanze isolieren und mit Pentac behandeln.

Blütengröße: Die meisten Miltonien und ihre Hybriden haben verhältnismäßig große, flache und an Stiefmütterchen erinnernde Blüten, die manchmal dazu auch noch duften. Naturformen tragen Blüten zwischen 6 bis 10 cm, Hybriden zwischen 8 bis 13 cm Durchmesser in der Höhe.

Duft: Je nach Art oder Hybride kann der Duft honigsüß bis blumig sein und ist durchaus stark wahrnehmbar.

Blütezeit: Miltonien sind überwiegend

Frühjahrsblüher. *Miltonia spectabilis* und Hybriden blühen allerdings erst im Herbst. *Miltonia schroederiana* blüht im Frühjahr und im Herbst. *Miltonia warscewiczii* – auch als *Oncidium fuscatum* im Angebot – kann das ganze Jahr über blühen.

Blühdauer: Je nach Art und Hybride halten die Blüten 2 bis 3 Monate. Die Länge der Blütezeit ist natürlich auch abhängig von der Blütenanzahl und Anzahl der Triebe.

Nach dem Verblühen: Die Blütentriebe müssen abgeschnitten, und die Pflanzen etwas trockener und etwas kühler gehalten werden. Eine Ausnahme bildet hier *Miltonia warscewiczii*, deren Blütentriebe unbedingt stehenbleiben sollten, und die unter der untersten verblühten Blüte abgeschnitten werden müssen.

Diese sehr zu empfehlende Naturform bildet hintereinander von oben nach unten aus allen Nodien neue Seitentriebe mit Blüten an ihren langen Blütenstengeln und blüht so oftmals das ganze Jahr über.

Kulturfehler: Miltonien quittieren alles, was ihnen an Pflegebedingungen nicht paßt, mit Ziehharmonikawuchs. Bei zu viel Dünger, zu viel Feuchtigkeit, zu wenig Licht, aber auch genau bei dem Gegenteil, insbesondere bei zu niedriger Luftfeuchtigkeit, aber auch bei zu dicht gewordenem Substrat, tritt Ziehharmonikawuchs bei den Blätterneutrieben auf. Solche Pflanzen muß man sofort umtopfen und nur dann gießen, wenn sie trocken sind, aber öfter sprühnebeln, falls trockene Luft die wahrscheinliche Ursache war. Vorläufig sollte man dann auf Volldüngungen über das Substrat verzichten und nur Blattdüngungen durchführen, bis sich die Pflanzen erholt haben.

Vermehrung: Liebhaber können diese Gattung nur vegetativ durch Teilung vermehren. Man belasse dabei mindestens zwei, besser noch drei belaubte Bulben pro Topf.

Miltonidium

Miltonidium ist eine Kreuzung aus *Miltonia* und *Oncidium*. In den letzten Jahren wird häufig die Naturform *Miltonia spectabilis* für die Kreuzung verwendet.

Temperatur: Diese Gattungskreuzung wächst und gedeiht unter warmen und temperierten Bedingungen. Sie wächst unkompliziert und schnell bei Temperaturen zwischen 18 bis 25 °C oder mehr.

Licht: Keine direkte Sonnenbestrahlung über die Sommermonate. Die Pflanze steht zwar gerne hell, aber hinter Gardinen, sonst kommt es leicht zu Blattaufhellungen.

Standort: Ost- und Westseite sind uneingeschränkt zu empfehlen, Südseite nur mit Schattierungsmöglichkeit.

Substrat: Ein Torf-Rinden-Gemisch ist angebracht. Wer eher zuviel gießt als zu wenig, kann die Pflanze auch in reines Rindensubstrat topfen.

Übersprühen: Vorsicht beim Übersprühen von in Blüte stehenden Pflanzen! Wenn aus Versehen Tröpfchen auf die Blüten geraten und dort nur langsam abtrocknen, kann es zu Blattflecken kommen.

Gießen: In Rindensubstrat benötigen die Pflanzen viel Wasser. Ist dem Substrat Torf beigemischt, muß nicht so oft gegossen werden. Das Substrat darf, wenn die Pflanze in Blüte steht, nicht über mehrere Tage ganz trocken stehen, da sonst genau wie bei Miltonia die Blütenblattränder eintrocknen.

Düngen: Es wird genauso vorsichtig gedüngt wie bei *Miltonia*. ½ ml Flüssigdünger sollte weder bei der Blattdüngung noch bei der Volldüngung überschritten werden. Die Pflanze sollte genauso häufig wie eine *Miltonia* gedüngt werden.

Schädlinge: Bei Beginn der Heizperiode muß man auch hier auf Spinnmilbenbefall achten.

Blütengröße: Meine Exemplare zeigten bis jetzt immer 7×7 cm große Blüten.

Blütenanzahl: Jeder Stengel trägt zwischen 3 und 4 Blüten.

Blütezeit: Sie reicht etwa von Juli bis Oktober.

Blühdauer: Miltonidien blühen etwa 10 Wochen lang.

Duft: Ihr Duft ist von *Miltonia spectabilis* ererbt und blumig frisch.

Vermehrung: Es kommt für Liebhaber zumeist nur eine vegetative Vermehrung durch Teilung in Frage.

Odontioda, Odontonia

Odontioda ist eine Kreuzung aus *Odontoglossum* und *Cochlioda*. Sie trägt kräftig gefärbte Blüten, deren Blütenblätter leicht gewellt sind, wenn *Odontoglossum crispum* als Elternteil verwendet wurde. *Odontonia* ist eine Kreuzung aus *Odontoglossum* und *Miltonia*. Ihre Blütenform sieht der von *Odontioda* sehr ähnlich. Beide Gattungskreuzungen haben gleiche Kulturbedingungen und werden darum hier zusammen abgehandelt:

Temperatur: Die Temperaturen sollten in der Wachstumsphase zwischen 16 und 24 °C liegen. Nachts sind Temperaturabsenkungen von einigen Grad nötig zur Blüteninduktion. Im Winter sollte die Temperatur 12 °C nicht unterschreiten.

Odontonia Susan Bogdanow.
Odontioda Petit Part × Sugucar.

Licht: Keine direkte Sonnenbestrahlung über die Sommermonate!

Standort: Ost- oder Westseite sind ideal. Aber auch eine helle Nordseite.

Substrat: Ein Torf-Rinden-Gemisch ist am meisten angebracht.

Umtopfen: Die beste Zeit zum Umtopfen ist, wenn die neuen Blättertriebe anfangen Wurzeln zu bilden.

Übersprühen: Ein tägliches Übersprühen über die Sommermonate ist von Vorteil für das Wachstum.

Gießen: Es wird immer dann gegossen, wenn das Substrat ganz abgetrocknet ist.

Düngen: Eine wöchentliche Blattdüngung wirkt wahre Wunder bei Odontiodas und Odontonias. Dazu sollte bei jedem vierten Gießen eine Düngung über das Gießwasser (½ ml) erfolgen.

Schädlinge und Kulturfehler: Bei zu geringer Luftfeuchtigkeit werden die Blätter von Spinnmilben befallen. Bei stehender Feuchtigkeit und zu geringen Temperaturen kommt es zu Pilzbefall.

Blütengröße: 7 bis 9 cm im Querdurchmesser.

Blütenanzahl: Zumeist tragen die Blütenstengel 3 bis 7 Blüten.

Blütezeit: Die einzelnen Arten und Hybriden blühen zu unterschiedlichen Zeiten einmal im Jahr. Es gibt auch ausgesprochene Frühjahrs- oder Herbstblüher.

Blühdauer: Je nach Art und Hybride, Größe und Alter der Pflanze und Blütenanzahl zwischen 3 und 8 Wochen.

Vermehrung: Für den Laien ist eine vegetative Vermehrung durch Teilung möglich. Auch bei dieser Gattungskreuzung sollten mindestens 6 Bulben im Topf sein, bevor man die Pflanze teilt.

Odontoglossum, Odontocidium und ihre Hybriden

Temperatur: Während der Wachstumsphase, in der Regel von April bis Oktober, mögen Pflanzen dieser Gattungen und Gattungskreuzungen Temperaturen zwischen 18 und 24 °C. Ein Aufenthalt der Pflanzen im Freien ist ab Mitte Mai bis Mitte September dringend anzuraten. Ab September, kurz vor Ausreifen der Neutriebe, ist es ratsam, die Pflanzen in einem unbeheizten Zimmer bei etwa 12 bis 16 °C zu halten, um so die Blütenbildung zu fördern.

Licht und Standort: Die Pflanzen gedeihen an Ost-, West-, und hellen Nordseiten. An Südseiten müssen die Pflanzen vor praller Sonnenbestrahlung über die Sommermonate geschützt werden. Bei zu hellem Standort verfärben sich die Blätter rötlich oder bekommen Sonnenbrand.

Substrat: Ein Torf-Rinden-Gemisch erfüllt alle Anforderungen von seiten der Pflanzen.

Umtopfen: Umgetopft wird im Frühjahr nach Beginn des Neuaustriebs.

Übersprühen: *Odontoglossum* wird gerne täglich ab dem Frühjahr bis in den Herbst hinein übersprüht.

Gießen: Während der Wachstumsphase verbraucht die Pflanze viel Wasser. Aber auch hier ist es ratsam zu warten, bis das Substrat ganz abgetrocknet ist, bevor man erneut gießt. Nach der Blüte empfiehlt es sich, die Pflanzen etwas trockener zu halten. Eine strenge Ruhephase macht *Odontoglossum* in dem Sinne nicht durch.

Düngen: 1 ml Flüssigdünger ist die angemessene Ration bei Blattdüngung und Düngung über das Gießwasser. Auch hier bitte nur bei jedem vierten Gießen düngen.

Schädlinge und Kulturfehler: *Odontoglossum*, aber auch ihre Hybriden, sowie Odontocidien sind an sich sehr robuste Pflanzen, die selten von Schädlingen befallen werden. Allerdings können auch sie Blattläuse oder Schildläuse bekommen, wenn man diese erst einmal ins Wohnzimmer eingeschleppt hat.

Blütengröße: Die Blütengröße von Odontoglossum und Hybriden schwankt um 7 cm. Odontocidien werden 2 bis 8 cm groß, im Längsschnitt gemessen. *Odontocidium* Elske Stolze: 3½ bis 4 cm. *Odontocidium* Susan Kaufmann: 2½ bis 4 cm.

Odontoglossum Burkhard Holm ist eine häufig angebotene Odontoglosse, sie wird aber leider oft nicht mit ihrem vollständigen Namen beschriftet.

Blütenanzahl: Zwischen 7 und 30 Blüten pro Blütenstengel ist bei *Odontoglossum* alles möglich; auch bei *Odontocidium* ist die Bandbreite groß, das oft angebotene *Odontocidium* Susan Kaufmann zum Beispiel kann 50 Blüten und mehr haben. *Odontocidium* Elske Stolze trägt zwischen 8 und 30 Blüten.

Blütezeit: Die meisten *Odontoglossum*-Hybriden sind Herbst- oder Winterblüher. Es gibt aber auch einige Frühjahrsblüher. Das beste ist, man erkundigt sich beim Kauf einer Pflanze danach, falls dieses nicht bereits durch das Tragen von Blüten ersichtlich ist. Den Zeitpunkt der Blüte zu wissen ist wichtig für das Düngen. So werden Frühjahrsblüher über den Winter hin weitergedüngt, Herbstblüher aber nicht. *Odontocidium* Susan Kaufmann blüht im Frühjahr und/oder im Herbst.

Blühdauer: Die Blüten halten 6 bis 8 Wochen an der Pflanze. Bei *Odontocidium* ist die Blühdauer meist etwas kürzer und liegt bei 3 bis 4 Wochen *Odontocidium* Susan Kaufmann allerdings blüht ganze 6 bis 8 Wochen lang.

Nach dem Verblühen werden die Stengel abgeschnitten und die Pflanzen etwas kühler und trockener gehalten.

Duft: *Odontoglossum pulchellum* (botanisch korrekte Bezeichnung derzeit allerdings: *Osmoglossum pulchellum*) duftet äußerst intensiv und ähnlich wie Maiglöckchen. Auch *Odontoglossum laeve* duftet, jedoch ist dieser Duft nur dann wahrnehmbar, wenn man unmittelbar vor den Blüten steht. (Auch diese Art ist in der Einordnung umstritten, die derzeit vorherrschende Meinung zieht die Bezeichnung *Miltonioides laevis* vor.) *Odontoci-dium* Elske Stolze duftet intensiv.

Die meisten anderen Arten und vor allem ihre Hybriden duften nicht.

Vermehrung: Für den Liebhaber bleibt auch hier nur eine Vermehrung durch Teilung.

Oncidium ornithorhynchum (kalt zu haltende Oncidien)

Temperatur: Während der Wachstums-phase kann die Pflanze auch warm oder temperiert kultiviert werden. Wichtig ist dann allerdings nach Ausreifen der Bulben eine Absenkung auf bis zu 12 °C. Entweder stellt man die Pflanze im Herbst für ein paar Wochen bei dieser Temperatur nach draußen, oder man überwintert sie an einem hellen Fenster in einem unbeheiz-ten und gut belüfteten Zimmer.

Licht: Die Pflanze sollte sehr hell gehalten werden und nur während der Sommermo-nate vor allzu praller Sonnenbestrahlung geschützt werden.

Standort: Meine kalt zu kultivierenden Oncidien hängen im Sommer in einem Körbchen an einer Südwestseite im Wohn-zimmer ohne direkte Sonne. Über Herbst und Winter kultiviere ich sie an einer Südseite in einem unbeheizten Zimmer zwischen 12 und 16 °C. Da sie im Jahr immer zweimal und noch dazu reichlich blühen, scheint ihnen dieser Standort zu bekommen.

Ebenfalls denkbar ist natürlich eine Über-sommerung draußen von Mitte Mai bis Mitte September.

Substrat: Ein Torf-Rinden-Gemisch hält lange genug das Wasser.

Umtopfen: Nur zur Wachstumsphase, am besten wenn die Neutriebe anfangen Wurzeln zu bilden.

Übersprühen: Die Pflanzen können über die Sommermonate täglich leicht über-sprüht werden.

Gießen: *Oncidium ornithorhynchum* verbraucht relativ viel Wasser und trock-net schnell wieder ab. Immer nur dann gießen, wenn die Pflanze wieder vorher abgetrocknet ist.

Düngen: Es werden sowohl wöchentliche Blattdüngungen als auch Düngungen über das Substrat alle 4 Wochen in einer Konzentration von 1 ml Flüssigdünger auf 1 l Wasser durchgeführt.

Schädlinge: Blattläuse oder Schildläuse setzen sich gerne auf die Blütenstengel von *Oncidium ornithorhynchum*.

Kulturfehler: Bei ganzjährig zu warmem Stand bleibt die Blüte aus. Stehende Nässe bewirkt Fäulnis oder Blattflecken.

Tip: *Oncidium ornithorhynchum* wirkt besonders schön in einer Ampel, von der die zarten Blütenrispen ungehindert her-unterhängen können.

Blütengröße: Die Blüten von *Oncidium ornithorhynchum* sind nur 2 cm groß.

Blütenanzahl: Die vielen kleinen Blüten an zumeist auch noch mehreren Rispen sind nicht zählbar.

Duft: *Oncidium ornithorhynchum* duftet äußerst intensiv nach Vanille.

Blütezeit: Meine Exemplare blühen je einmal im Frühjahr und einmal im Herbst.

Blühdauer: 6 bis 10 Wochen.

Nach dem Verblühen schneidet man die verblühten Blütenstengel ab und hält die Pflanze etwas trockener und etwas kälter.

Vermehrung: Die Pflanze wird durch Teilung vermehrt.

Oncidium (warm zu kultivierende Arten)

Unter diese Rubrik fallen die meisten in Blumengeschäften gängigen Oncidien. Am wohl bekanntesten, weil am häufigsten angeboten, sind die kleinblütigen gelben Oncidien wie *Oncidium* Dancing Lady. Ihre Blüten erinnern an kleine Engel oder tanzende Frauengestalten. Daneben gibt es aber auch großblütigere Oncidien wie *Oncidium papilio* (syn. *Psychopsis papi-lio*) oder *Oncidium kramerianum* (syn. *Psychopsis kramerianum)*, die auf ihren hohen Blütenstengeln sehr an Schmetter-linge im Flug erinnern und eine Zier jeder Fensterbank sind. Leider sind diese letzte-ren beiden Oncidien sehr teuer (zwischen 80 und 150 DM).

Oncidium papilio sieht von der Seite aus wie ein Schmetterling im Flug. Diese Art ist ein sehr dankbarer Blüher und für ein beheiztes Wohnzimmer geeignet – wenn man sie ausreichend feucht hält.

In den letzten Jahren werden verstärkt auch die dickblättrigen, vom Blattwerk her fächerförmigen, kompakten „variegaten Oncidien" angeboten. Ihre Blüten sind duftig und zart. Sie bieten eine breite Palette von pink-rot bis braun mit weiß. Sie brauchen deutlich mehr Licht als andere Oncidien, vergleichbar mit *Cattleya*.

Außerdem gibt es eine ganze Reihe Kreuzungen von Warmhaus-Oncidien mit *Oncidium ornithorhynchum*, die dunkelrot sind und wunderbar nach Vanille duften. Zu nennen wären hier *Oncidium* Sharry Baby und *Odontocidium* Elske Stolze.

Temperatur: Diese Orchideen werden das ganze Jahr über zwischen 20 und 27 °C gehalten. Die Temperaturen dürfen auch im Winter nicht unter 18 °C absinken. Diese Pflanzen können durchkultiviert, d. h. das ganze Jahr über gleichmäßig gegossen und gedüngt werden.

Licht und Standort: Diese Oncidien sollten vor direkter Sonne in den Sommermonaten geschützt werden.

Substrat: Bewährt hat sich ein Torf-Rinden-Gemisch.

Umtopfen: Während der Wachstumsphase kann umgetopft werden. Günstig ist hier vor allem das Frühjahr. Manche Oncidien steigen gerne mit ihren neuen Bulben aus dem Topf aus. Hier muß schnellstens umgetopft werden, damit die neuen Wurzeln sich noch auf das Substrat umstellen können. Besser ist es, solche Arten aufzubinden.

Übersprühen: Über die Sommermonate kann man täglich die Pflanzen übersprühen.

Gießen: Es wird nur dann gegossen, wenn das Substrat trocken ist.

Düngen: ½ ml Flüssigdünger sollte weder bei der Blattdüngung noch bei der Düngung über das Substrat überschritten werden.

Schädlinge und Kulturfehler: Bei zu trockener Luft kann es bei Oncidien mit hellgrünen, weichen Blättern zu Spinnmilbenbefall kommen.

Tip: Alle Oncidien dieses Temperaturbe-

reiches eignen sich wegen ihrer sehr langen, oft sehr vielblütigen Blütenstengel hervorragend für Blumenarrangements. Man gruppiert die Pflanzen mit Topf zusammen mit Farnen in verschiedenen Blühhöhen, z. B. in einem Korb oder Korbköfferchen als Tischschmuck. Dazu wird zuerst in den Korb eine Folie gelegt, dann 5 cm hoch mit Hydrokies aufgefüllt und diese Schicht befeuchtet. Darauf werden die Pflanzen arrangiert. Sie halten sich so sehr lange und müssen nur selten gegossen werden.

Wer sich ein *Oncidium papilio* oder *kramerianum* kauft, sollte vorher sorgsam abwägen, ob bei ihm auf der Fensterbank auch 1 m hohe Blütenstengel gut zur Geltung kommen. Außerdem sollte man wegen des hohen Anschaffungspreises schon etwas Erfahrung im Umgang mit Orchideen haben, bevor man sich so ein Prachtexemplar zulegt.

Blütengröße: Variegate Oncidien: um 3½ cm. *Oncidium* Sharry Baby: 3½ bis 4 cm im Längsdurchmesser. *Oncidium papilio* und *kramerianum:* zwischen 10 und 13 cm je nach Alter und Pflegebedingungen. (Je höher die Temperatur und Luftfeuchtigkeit, desto größer die Blüte!)

Blütenanzahl: *Oncidium papilio* und *kramerianum* tragen pro Blütenstengel eine Blüte. Variegate Oncidien haben je nach Größe der Pflanze 8 bis 50 Blüten. Bei meiner *Oncidium* Sharry Baby zählte ich in diesem Jahr 60 Blüten.

Blütezeit: Variegate Oncidien sind zumeist Frühjahrsblüher. *Oncidium papilio* und *kramerianum* blühen von März/April mehrmals hintereinander bis November! So blühte im letzten Jahr mein *Oncidium papilio* sieben Mal.

Blühdauer: Die Blühdauer von *Oncidium papilio* beträgt pro Blüte etwa 4 Wochen. Jedoch werden von März bis November ständig neue Blüten gebildet.

Duft: *Oncidium* Sharry Baby hat seinen sehr intensiven Duft von *Oncidium ornithorhynchum* geerbt. Die anderen oben genannten Oncidien duften nicht.

Nach dem Verblühen: Bei *Oncidium papilio* und *kramerianum* – nur bei diesen – werden die Blütenstengel nicht

Oncidium Sharry Baby ist eine intensiv nach Vanille duftende Hybride mit dunkelroten, glänzenden Blüten in Hülle und Fülle (aufgenommen im „World of Orchids", Florida).

abgeschnitten. Diese beiden Arten blühen jedes Jahr erneut aus alten und neuen Blütenstengeln zusammen. Man kann sich vorstellen, daß eine ältere Pflanze mit fünf oder mehr Blütenstengeln eine wahre Augenweide ist!

Vermehrung: Oncidien werden vegetativ durch Teilung vermehrt. Allerdings würde ich nie ein *Oncidium papilio* oder *kramerianum* teilen! Diese Pflanzen werden auch für die Fensterbank nicht zu umfangreich, wenn man sie ungeteilt läßt. Sie wirken mit mehreren Blütenstengeln noch viel beeindruckender.

Paphiopedilum

Diese im Volksmund als „Frauenschuhe" bezeichneten Orchideen sind im Handel sowohl als Schnittblumen als auch als Topfpflanzen erhältlich. Sie rangieren wegen ihrer langen Blütezeit zusammen mit *Phalaenopsis* in der Beliebtheitsskala ganz oben.

Temperatur: Die grünblättrigen Arten mit schmalen Blättern sind temperiert zu halten. Sie brauchen nach Ausbildung der Neutriebe eine nächtliche Temperaturabsenkung auf 13 bis 15 °C. Die geflecktblättrigen Arten sind in der Regel warm zu kultivieren.

Mehrblütige *Paphiopedilum* gedeihen warm und temperiert. Die Arten mit grünem, breitem Laub vertragen Temperaturen zwischen 18 und 22 °C am besten.

Licht und Standort: Die grünblättrigen Arten sollten schattig stehen, die geflecktblättrigen im Halbschatten. Es eignen sich Ost-, West, oder schattierbare Südseiten, für grünblättrige Paphiopedilen auch Nordseiten.

Substrat: Rindensubstrat sorgt für schnelles Abtrocknen. Ein guter Wasserabzug muß für diese Pflanzen unbedingt gesichert sein.

Umtopfen: Jährlich im Frühjahr oder ansonsten während der Wachstumsphase

Das Blattwerk von *Paphiopedilum* Makuli ist marmoriert. Es gehört somit zu den warm zu kultivierenden Paphiopedilen. Unter guten Pflegebedingungen blüht diese Art zweimal im Jahr.

kann umgetopft werden. Wichtig dabei ist die richtige Einpflanzhöhe. Pflanzt man die Pflanzen falsch, d. h. zu hoch ein, so daß die neuen Wurzeln in der Luft hängen, stellen diese Wurzeln automatisch ihr Wachstum ein! Das Substrat sollte den weiß-rötlichen Bereich der unteren Blätter bedecken.

Übersprühen: Von Frühjahr bis Herbst kann man die Pflanzen täglich leicht sprühnebeln, über Winter nur an besonders sonnigen Tagen oder dann, wenn die Luftfeuchtigkeit auf unter 50 % absinkt. Vorsicht beim Übersprühen! Die Blätter wirken dabei wie Trichter, und das Wasser fängt sich leicht im Herz des Blättertriebes. Die sich dort entwickelnden Knospen faulen ab, und es kann sich daraus Herzblattfäule entwickeln.

Bei Paphiopedilen ist es also besonders wichtig, nur ganz sacht zu sprühnebeln und notfalls mit Kleenextüchern die Nässe aus dem Herzblatt abzusaugen.

Gießen: Mit viel Wasser gießen und gut wieder abtrocknen lassen! Nie das Sub-

strat über mehrere Tage völlig austrocknen lassen. Auf keinen Fall die Pflanze über längere Zeit mit nassen Füßen stehen lassen!

Düngen: Gleichmäßige Düngergaben, einmal wöchentlich, am besten Blattdüngung (1 ml Flüssigdünger auf ein Liter Sprühwasser) und Volldüngung über das ganze Jahr. Keine ausgesprochene Ruhezeit muß eingehalten werden.

Schädlinge und Kulturfehler: Spinnmilben, Schildläuse, Thrips, Schnecken können hin und wieder bei dieser Gattung auftreten.

Pilzerkrankungen der Blätter sind allerdings weitaus häufiger. In den meisten Fällen entstehen die Pilzerkrankungen durch Kulturfehler. Bei zu niedriger Luftfeuchtigkeit kommt es leicht zu Schädlingsbefall durch Thrips oder Spinnmilben. Bei zu nasser Haltung – gleich, ob durch Übersprühen oder Übergießen – faulen die Blätter leicht weg, und die Knospen bleiben stecken. Viele verschiedene Pilze lassen auch reihenweise Blatt-

Paphiopedilum chamberlainianum bringt hintereinander an einem Blütenstengel immer wieder neue Blüten hervor. Solche Paphiopedilen werden „Revolverblüher" genannt.

flecken bei zu nassen Kulturbedingungen entstehen.

Tip: Besonders zu empfehlen sind die „Revolverblüher" unter den Paphiopedilen, die länger als alle anderen Orchideen blühen können (bis zu 2 Jahren pro Blütenstengel!). Diese Revolverblüher kosten in der Regel zwischen 30 und 60 DM, sind aber ihren Anschaffungspreis wegen ihrer langen Blühdauer durchaus wert. Unter diese Rubrik fallen z. B.: *Paphiopedilum primulinum, Paphiopedilum glaucophyllum,* *Paphiopedilum* Pinocchio, *Paphiopedilum moquettianum* und *Paphiopedilum chamberlainianum.*

Achten Sie auch in Blumengeschäften auf ausgeblühte Pflanzen. Sie sind in der Regel erheblich günstiger als blühende Pflanzen zu bekommen.

Blütengröße: Zwischen 6 und 25 cm ist alles möglich. Bis zu 1 m lange innere Blütenblätter (Petalen) hat z. B. *Paphiopedilum phillipinense.* Amerikanische Hybriden mit besonders breiter Fahne und Petalen tragen Blüten bis zu 25 cm.

Blühdauer: Zwischen 2 Monaten und 2 Jahren weisen Paphiopedilen die unterschiedlichste Haltbarkeit der Blütenstengel auf.

Paphiopedilen mit nur einer Blüte am Stengel blühen 2 bis 4 Monate lang. Revolverblüher, bei denen nach und nach am Stengel bis zu 24 Blüten aufgehen, blühen mindestens 6 bis 7 Monate *(Paph. glaucophyllum* und *Paph.* Pinocchio), nach meinen Erfahrungen teilweise bis zu 15 Monate *(Paph. primulinum)* oder sogar 2 Jahre *(Paph. chamberlainianum).*

Blütezeit: Es gibt Paphiopedilen für jede Jahreszeit.

Nach dem Verblühen werden bei allen Paphiopedilen außer bei Revolverblühern die Blütenstengel abgeschnitten.

Vermehrung: Eine Vermehrung geschieht vegetativ durch Teilung.

Phalaenopsis und Hybriden

Diese Gattung und vor allem ihre Hybriden sind wohl die in den letzten Jahren am häufigsten angebotenen Orchideen. Sie benötigen von den gängigen, im Handel zu erhaltenden Orchideen wohl die kürzeste Zeit von der Aussaat bis zur ersten Blüte. Dies und die Tatsache ihrer langen Blühdauer und schönen Blüten machen sie für Züchter und Liebhaber gleichermaßen interessant.

Ich selber kultiviere seit nunmehr 11 Jahren *Phalaenopsis* auf meinen Fensterbänken. Zur Zeit sind es 75 verschiedene Arten und Hybriden. Die hier wiedergegebenen Informationen sind Erfahrungswerte, die ich in diesen Jahren schriftlich gesammelt und ausgewertet habe.

Temperatur: Die Pflanzen gedeihen sowohl warm als auch temperiert. Dies entspricht der Wohntemperatur in einem beheizten Wohnzimmer und einem nur leicht beheizten Raum. Wichtig ist, daß die Tagestemperatur nur ganz geringfügig höher liegt als die Nachttemperatur. Der Unterschied sollte nicht mehr als 3 bis 4 °C betragen, da sonst die Pflanzen Zuckertröpfchen absondern. Verblühte *Phalaenopsis* vertragen auch niedrigere Temperaturen bis 16 °C, kurzfristig auch noch ein paar Grad kühlere. Unter 14 °C sollten es allerdings auf Dauer nicht sein.

Bei Temperaturen um 18 bis 19 °C ist meiner Erfahrung nach der geringste Schädlingsbefall zu verzeichnen. Bei 21 °C wachsen die Pflanzen am schnellsten, vorausgesetzt die Luftfeuchtigkeit ist um 70 % oder höher.

Substrat: Für gute Bewurzelung und kräftigen Wuchs sorgt ein Torf-Rinden-Gemisch mit Holzkohlestücken, Agrofoam, Blähton oder Styroporstückchen. Reines Rindensubstrat empfiehlt sich bei Orchideenliebhabern, die gerne zu häufig gießen. Es empfiehlt sich ebenfalls, Pflanzen in Rinde zu topfen, die an den Wurzeln krank sind, um so ein stärkeres Wurzelwachstum anzuregen.

Der Nachteil bei reinem Rindensubstrat besteht darin, daß die Pflanze langsamer wächst und regelmäßiger Düngergaben benötigt als in anderen Substraten.

Umtopfen: Spätestens alle zwei Jahre sollten *Phalaenopsis* umgetopft werden. Wenn das Substrat veralgt ist oder sich zersetzen sollte, muß sofort umgetopft

Phalaenopsis Bodo Schöttler ist ein sehr ausdauernder Blüher mit einem Blütendurchmesser von 11 cm.

Bei besonders dunkel pinkfarbenen *Phalaenopsis*-Hybriden ist oft das Blattwerk, zusätzlich zu seinem Grün, auf der Blattunterseite auberginerot gefärbt.

werden. Am besten im Frühling, wenn die Tage länger werden oder wenn sich ein neues Herzblatt und neue Wurzelspitzen zeigen. Umtopfstop ist ab September über die Wintermonate. Dann sollte wirklich nur in Notfällen umgetopft werden.

Licht und Standort: *Phalaenopsis* bekommen im Sommer leicht Sonnenbrand. Sie stehen gerne an Ost- oder Westseiten, aber auch an einer Südseite, falls Schattierungsmöglichkeiten vorhanden sind. In der letzten Zeit habe ich über die Sommermonate auch sehr gute Erfolge an einer hellen Nordseite erzielt. In den Wintermonaten ist es für die Pflanzen dort zu dunkel, und die Knospen werden abgeworfen.

Auch bei der Ausbildung eines Blütentriebes über die Wintermonate an Ost- oder Westseite können durch Lichtmangel die Knospen abfallen. Das ist artspezifisch und nicht schlimm, denn sobald die Tage länger werden, wächst dann der Blütenstengel nach vorne hin weiter. Vermeiden kann man den Abfall der Knospen, wenn man die Pflanzen über Winter an ein Südfenster stellt oder eine Zusatzbeleuchtung anbringt.

Übersprühen: *Phalaenopsis* sollte man außer im Winter täglich leicht übernebeln. Dabei muß man aufpassen, daß kein Stauwasser in das Herzblatt läuft – notfalls mit einem Kleenextuch das Wasser daraus absaugen. An sonnigen Wintertagen kann man diese Pflanzen ebenfalls übersprühen. Wenn *Phalaenopsis* auf einer Fensterbank über einer Heizung gehalten werden, sollte man auch im Winter sprühen, falls die Luftfeuchtigkeit dort unter 50 % sinkt.

Gießen: *Phalaenopsis* können mit reichlich Wasser gegossen werden, wenn man sie danach wieder ganz abtrocknen läßt. Erst dann darf man erneut gießen. Die Faustregel lautet: Zumeist reicht einmal pro Woche Gießen völlig aus.

Phalaenopsis Diese ist eine der nicht so häufigen duftenden Hybriden.

Phalaenopsis Princess Kaiulani duftet zitronenartig. Bei ihr dürfen die alten Blütenstände nie abgeschnitten werden, da sie erneut Blüten austreiben können.

Schaschlikholzstabtrick: Dieses Stäbchen, ständig im Topf belassen, zeigt an, wann wieder gegossen werden muß. Ist beim Herausziehen das Holzstäbchen unten noch feucht, muß noch nicht gegossen werden.

Düngen: Die Wurzeln der *Phalaenopsis* sind sehr empfindlich gegen Dünger. Darum benutzt man einmal pro Woche ½ ml auf 1 l Sprühwasser zur Blattdüngung. Alle 4 Wochen ½ ml Dünger auf 1 l Gießwasser.

Bitte vor einer Düngung über das Substrat erst die Pflanzen gießen und dann düngen. Das schont die Wurzeln, und der Dünger kann besser aufgenommen werden.

Schädlinge: Thrips, Schildläuse, Wollläuse.

Kulturfehler: Tautröpfchenbildung setzt immer dann ein, wenn die Pflanze „im Streß" ist, etwa bei zu großem Unterschied der Tag- und Nachttemperaturen, wenn man die Pflanze zu lange nicht umgetopft hat und bei Befall durch Läuse.

Schlaffe Blätter bekommen *Phalaenopsis* bei zu wenig Wasser und zu niedriger Luftfeuchtigkeit, was jedoch nur noch äußerst selten der Fall ist. Bei den weitaus meisten *Phalaenopsis* mit Pflegefehlern, die ich in den letzten Jahren in meinen Kursen zu Gesicht bekommen habe, stellten sich diese Anzeichen durch Übergießen, Überdüngen und Staunässe ein. Bei Überdüngung versalzen die Wurzeln und werden braun. Sie können in diesem Zustand weder Wasser noch Dünger aufnehmen, und die Pflanzen verdursten und verhungern. Oberhalb der Erde hängen die Blätter schlaff herunter und sehen so aus, als ob die Pflanze wochenlang nicht gegossen worden wäre. Stellen sich diese Anzeichen erst einmal ein, ist es meistens schon zu spät, und die Pflanze kann sich nicht mehr davon erholen.

Verkrüppelung der Blüten und Knospenabfall entsteht auch bei Befall durch Thrips.

Ein Schädlingsbefall wird fast immer begünstigt durch zu niedrige Luftfeuchtigkeit und trockene Heizungsluft. Pilzbefall entsteht bei zu starkem Übersprühen bei zu niedrigen Temperaturen. Dann kann sich auch eine Bakteriose auf Blüten, Stengeln und Blättern schnell ausbreiten. Alle so befallenen Pflanzenteile müssen sofort entfernt und die Schnittstellen mit Aktivkohlepuder bestäubt werden. Pflanzen mit diesem Schadbild sofort isolieren!

Tips: Bitte über den Topf hängende Luftwurzeln immer mit übersprühen. Das stärkt die Pflanze und ist ihre einzige Überlebenschance, falls die Wurzeln im Substrat durch falsches Gießen und Düngen abgetötet wurden.

Blütenstengel müssen immer lose an Stöcken hochgebunden werden. Sie können sonst leicht abknicken.

Für eine ausreichende Dränageschicht im Übertopf muß gesorgt werden.

Man sollte die Pflanzen auch hin und wieder abduschen oder abwischen, um den Staub zu entfernen. *Phalaenopsis*blüten halten sich als Schnittblumen am längsten, wenn man sie immer in warmes Wasser stellt. So kann man auch schlaffe Blüten wieder auffrischen.

Blütengröße: Sie ist abhängig von Art und Hybride. Einige der kleinsten *Phalaenopsis*blüten *(Phal. equestris)* sind nur 2 bis 3 cm groß, die größten Hybriden 12 bis 13 cm.

Blütenanzahl: Erstblüher tragen 1 bis 3 Blüten, ausgewachsene Pflanzen auch bis zu 20 oder 30 Blüten je nach Art und Hybride.

Duft: Einige Natursorten und deren Hybriden duften: z. B. *Phalaenopsis violacea* ('Malaysia' und 'Borneo'), *Phalaenopsis lueddemanniana, Phalaenopsis sumatrana, Phalaenopsis* Cleo, *Phalaenopsis* Red Dream, *Phalaenopsis* First Light, *Phalaenopsis* Peppermint, *Phalaenopsis cornu-cervi.* Auch *Phalaenopsis gigantea* und manche ihrer Hybriden.

Blühdauer: Manchmal dauert die Blütezeit nur 2 bis 3 Monate. Meistens blühen diese Orchideen aber 4 bis 6 Monate oder sogar noch länger. Wächst ein Trieb weiter nach vorne oder bildet er noch während der Blüte einen neuen Seitentrieb aus, kann die Blühdauer auch ein Jahr oder noch länger dauern. Bildet sich währenddessen gar noch ein neuer Blütentrieb unten am Stamm heraus, kann eine *Phalaenopsis* auch zwei Jahre oder mehr ununterbrochen hintereinander blühen. Das ist allerdings eine Ausnahme, und nicht die Regel.

Blütezeit: Ganzjährig ist der Ansatz von Blütenstengeln möglich, obwohl manche *Phalaenopsis* zum Herbst ansetzen und dann ab Januar/Februar/März blühen. Im Sommer bei hohen Temperaturen kann es sein, daß es dann mit der Blüte vorbei ist, muß aber nicht. Manche Hybriden setzen auch bevorzugt Blütentriebe im Frühjahr an und blühen dann über Herbst und Winter. Andere Arten sind ausgesprochene Sommerblüher (z. B. *Phalaenopsis violacea).*

Nach dem Verblühen schneidet man den Blütentrieb von *Phalaenopsis* nicht ganz ab, sondern nach entweder dem dritten

Phalaenopsis sumatrana ist eine duftende Naturform. Ihre Blüten sind kleiner, aber interessant gezeichnet.

ruhenden Auge von unten oder aber nach der untersten verblühten Blüte.

Eines der ruhenden Augen wird dann bald einen Seitenblütentrieb austreiben. Wird der Stengel jedoch gelb und trocknet ganz ab, muß er schließlich doch noch ganz abgeschnitten werden.

Manche Arten treiben auch über die Sommermonate ein Kindel oder Adventivpflänzchen aus, das man am Stengel beläßt, bis mindestens 3 Wurzeln etwa 5 cm lang sind und dann mit einem Stengelstück eintopft.

Nicht abgeschnitten werden die Blütenstengel bei *Phalaenopsis*-Naturformen (z. B. *Phal. violacea*, *Phal. lueddemanniana* etc.). Sie treiben immer wieder erneut aus.

Vermehrung: Die vegetative Vermehrung von *Phalaenopsis* geschieht nur über Kindel. Nicht alle Arten und Hybriden bilden Kindel!

Rossioglossum grande (früher Odontoglossum grande)

Temperatur: *Rossioglossum grande* läßt sich unter kühlen bis temperierten Bedingungen kultivieren und zum Blühen bringen.

Licht und Standort: Ost- oder Westfenster sind uneingeschränkt zu empfehlen, da dort auch auf eine Schattierung verzichtet werden kann. Bei Südlagen muß auf jeden Fall über die Sommermonate schattiert werden.

Man sollte *Rossioglossum grande* nicht direkt an das Fensterglas stellen, sondern in die zweite Reihe. Wenn das Blattgrün eine mittelgrüne Farbe hat, also weder hellgelbe Sonnenblätter noch dunkelgrüne Schattenblätter vorhanden sind, hat die Pflanze die optimale Lichtmenge erhalten.

Die besondere Zeichnung ihrer Blüten hat *Rossiglossum grande* den Namen „Tigerorchidee"
eingetragen.

Substrat: Ein Torf-Rinden-Gemisch mit Agrofoam sorgt für gute Belüftung der Wurzeln und hält lange genug das Wasser.

Umtopfen: Umgetopft wird bei der Verwendung des obengenannten Substrates alle zwei Jahre und zwar am besten dann, wenn die neuen Bulben frische Wurzeln treiben. Das ist in der Regel im Juni, Juli oder August der Fall.

Übersprühen: Im Sommer, bei hohen Außentemperaturen, sollte die Pflanze täglich leicht übernebelt werden. Wird zuviel gesprüht bei mangelnder Luftbewegung, reagiert die Pflanze mit Blattflecken. Bei mangelnder Luftfeuchtigkeit ziehen gerne Schädlinge wie z. B. Spinnmilben ein.

Gießen: *Rossioglossum grande* kommt nur dann mit wenig Wasser aus, wenn sie nicht gerade Blütenstengel oder Bulben treibt. Allerdings hält es die Pflanze, durch die starken Bulben bedingt, auch ohne Schwierigkeiten 8 bis 10 Tage ohne Wasser aus, während man zum Beispiel im Urlaub ist.

Es gibt für *Rossioglossum grande* eine Ruhezeit nach dem Verblühen, aber sie ist nicht besonders ausgeprägt. Es reicht völlig, wenn man über Winter die Wassergaben etwas reduziert. Doch ist bei meinen Exemplaren von *Rossioglossum grande* auch dann noch nie die Blüte ausgeblieben, wenn ich sie durchkultiviert habe.

Düngen: Einmal im Monat eine Düngung über das Substrat (½ ml Flüssigdünger auf 1 l Wasser) und eine ebensolche Blattdüngung einmal wöchentlich während der Wachstumsphase hat sich bei meinen Pflanzen bis jetzt immer gut bewährt.

Schädlinge und Kulturfehler: *Rossioglossum grande* kann bei zu niedriger Luftfeuchtigkeit von Spinnmilben und Thrips befallen werden. Pilzerkrankungen und Bakteriosen entstehen bei zu feuchter Haltung und mangelnder Frischluftzufuhr.

Dazu besteht natürlich auch die Möglichkeit der Übertragung von verschiedenen Läusearten durch andere Pflanzen.

Blütengröße: Die Blüten von *Rossioglossum grande* sind beachtlich: 14 bis 15 cm im Querdurchmesser. Ihre Farbe und Zeichnung hat ihr im Volksmund den Namen „Tigerorchidee" eingebracht. Die Blütenblätter glänzen wie gelackt in brauner und gelber Musterung.

Blütenanzahl: Die Blütentriebe tragen bei ausgewachsenen Pflanzen je nach Kulturzustand 2 bis 5 Blüten.

Blütezeit: *Rossioglossum grande* ist ein zuverlässiger Herbstblüher. Zwischen September und Dezember liegt die Blütezeit je nachdem, wie schnell die Pflanze über den Sommer gewachsen ist.

Blühdauer: Die Blüten halten sich an der Pflanze zuverlässig und ziemlich genau 4 Wochen lang.

Nach dem Verblühen werden die Blütenstengel abgeschnitten, und die Pflanze kann umgepflanzt werden, falls es sein muß.

Vermehrung: Vegetativ durch Teilung. Auch eine einzelne Rückbulbe kann bei der richtigen Pflege schon innerhalb eines Jahres neu austreiben und wieder blühen, wenn auch nicht so reichhaltig wie die Mutterpflanze.

Tip: *Rossioglossum grande* gedeihen prächtig, wenn man sie ab Mitte Mai nach draußen an einen vor praller Sonne und Regen geschützten Ort stellt, etwa auf einen überdachten Balkon. Die Luftbewegung draußen, die ständig schwankenden Temperaturen und die schnelle Abtrocknung des Substrates tun ihr sichtlich gut.

Trichopilia tortilis

Temperatur: Die Pflanzen können warm bis temperiert stehen und zusammen mit *Cattleya* kultiviert werden.

Licht und Standort: Eine Südseite erscheint mir am meisten angebracht. Dort muß allerdings über die Sommermonate schattiert werden.

Substrat: Bisher habe ich gute Erfahrungen mit reinem Rindensubstrat gemacht,

dem ich zu einem Drittel Kokosfasern zugesetzt habe.

Umtopfen: Im Frühjahr können die Pflanzen bis kurz vor der Blüte noch umgesetzt werden.

Übersprühen: In diesem Punkte sei zu äußerster Vorsicht geraten. Wenn die Pflanze gerade Blütenstengel angesetzt hat, von März bis Mai, können diese durch Übersprühen leicht wegfaulen. Der Zeitpunkt des Blütenstengelansatzes ist zudem nicht ganz einfach festzustellen, da sich die Stengel unter dem vertrockneten alten Hüllbast der Bulbe verstecken.

Gießen: Während die Pflanzen in ihrer Wachstumsphase gerne reichlich gegossen werden, muß man mit dem Gießen in den Frühjahrsmonaten sehr vorsichtig sein, da sonst die Blütenstengel bei zu nassem Stand der Pflanzen wegfaulen. Es empfiehlt sich zu diesem Zeitpunkt, genau darauf zu achten, daß die Pflanze am Fuß der Bulben nicht vom Gießwasser benetzt wird.

Düngen: ½ ml Flüssigdünger reicht für die wöchentliche Blattdüngung und die monatliche Volldüngung völlig aus.

Schädlinge und Kulturfehler: Hin und wieder treten bei zu niedriger Luftfeuchtigkeit Spinnmilben auf.

Weitaus gefährlicher als Schädlinge sind für *Trichopilia* Orchideenliebhaber, die zu gerne gießen!

Tip: Die hängenden Blütenstengel kommen besonders schön zur Geltung, wenn man den Topf in eine Ampel stellt oder aber für einen erhöhten Stand während der Blüte auf der Fensterbank sorgt. Die Pflanze sollte während ihrer Blütenausbildung nicht gedreht werden, da sich sonst die Blütenstengel immer zum Licht ausrichten und verdrehen.

Blütengröße: Obwohl die Blütengröße in Büchern mit 5 cm angegeben wird, habe ich bei meinen Exemplaren immer einen Querdurchmesser von 10 bis 12 cm von einem inneren Hüllblatt zum anderen gemessen.

Blütenanzahl: Jede neue Bulbe trägt 1 bis 2 Blüten.

Blütezeit: Die Blütezeit beginnt zwischen April und Juni.

Blühdauer: 2 bis 4 Wochen.

Duft: Der Duft ist ganz zart und kaum wahrnehmbar.

Nach dem Verblühen werden die Blütenstengel abgeschnitten, und die Pflanze kann nach draußen gestellt werden.

Vermehrung: *Trichopilia tortilis* ist eine sehr kompakte und kleine Pflanze. Man sollte sich gut überlegen, ob man sie überhaupt teilt.

Vanda, Vandopsis und Hybriden

Die Gattungen *Vanda* und *Vandopsis* sind verwandt mit *Rhynchostylis* und *Ascocentrum* und werden ähnlich behandelt.

Temperatur: Es gibt Vandeen für den kalten Bereich wie *Vanda coerulea*, temperaturtolerante Formen wie die Hybride *Vanda* Rothschildiana (wobei die einzelnen Exemplare unterschiedliche Vorlieben haben können, man muß ausprobieren) und warm zu haltende Vandeen wie *Vanda sanderiana* und *Vanda tricolor*. Im Winter sollten die meisten Vandeen nicht bei unter 14 °C gehalten werden.

Licht und Standort: Ost-, West-, besser noch Südlage ist möglich. Eine Nordseite ist undenkbar. Vandeen sind recht lichthungrige Pflanzen, die von September bis April die volle Sonne sogar an der Südseite vertragen. Im Sommer muß über die Mittagsstunden schattiert werden. Bei dichtem Stand am Fensterglas und direkter Sonnenbestrahlung kann nämlich auch eine *Vanda* Sonnenbrand bekommen. Die Blätter werden dann erst hell oder pigmentiert rot, bevor das Gewebe durch die Verbrennungen kollabiert, auf denen sich dann schnell Pilzbefall ansiedelt.

Bester Standort im Sommer: Südfenster mit Balkonüberdachung oder draußen eine Aufhängung an einem Rankgitter mit einem Sonnenschirm darüber.

Substrat: Gar kein Substrat ist nötig bei Lattenkörbchenhaltung. Reines Styropor verwende ich gerne im Plastikhängetopf, oder aber grobes Rindensubstrat für die rundblättrige *Vanda teres*.

Umtopfen: Bei zu klein gewordenem oder vermodertem Körbchen wird die Pflanze mit dem alten Körbchen einfach in ein größeres gesetzt. Wenn die Pflanze im Plastiktopf nur in Styropor gehalten wird, braucht man nur alle zwei Jahre in einen größeren Plastiktopf umzubetten. Bei Rindensubstrat wird alle 1 bis 2 Jahre ab März umgetopft.

Übersprühen ist das A und O bei *Vanda* und ihren Mehrgattungshybriden. Um die Pflanzen auch immer wieder zum Blühen zu bringen, empfiehlt es sich, von März bis September dreimal täglich die Pflanzen zu übersprühen. Dadurch wachsen die Wurzeln gut, und das Laub bleibt straff und kräftig. Über Herbst und Winter reicht einmaliges Übernebeln am Tag. Kräftig übersprüht oder geduscht werden vor allem die in der Luft hängenden Wurzeln, leicht übernebelt werden die Blätter. Stehende Nässe in den Blattachseln führt zu Fäulnisbildung und zu Blätterabfall.

Gießen: Man kann die ganze Pflanze mit Topf oder Körbchen auch tauchen oder Pflanzen in Rindensubstrat natürlich wie andere Orchideen im Topf gießen, allerdings erst dann, wenn das Substrat auch die Möglichkeit hatte, vor dem nächsten Gießen wieder ganz abzutrocknen. Ich halte meine Vandeen ohne Substrat in einem wasserdichten Übertopf und gieße diese alle paar Tage mit lauwarmem Wasser voll, so daß alle Wurzeln bedeckt sind. Nach 1 bis 2 Tagen gieße ich das Wasser wieder aus und lasse die Pflanzen ganz abtrocknen.

Düngen: Es empfiehlt sich, bei *Vanda* und Mehrgattungshybriden täglich von März bis Oktober ganz schwach beim Übersprühen eine Blattdüngung durchzuführen (¼ ml auf 1 l Sprühwasser). Aufpassen, daß die Wurzeln nicht versalzen und braun werden!

Schädlinge und Kulturfehler: Schädlinge sind bei Vandeen und ihren Hybriden selten, allenfalls schleichen sich Schildläuse ein.

Weitaus häufiger entstehen Kulturfehler durch falsche Temperatur oder aber vor

Vanda und ihre Hybriden (hier *V.* Rothschildianum) sind Epiphyten, die viel Frischluft an ihren Wurzeln brauchen. Darum kultiviert man sie gerne in Holzkörbchen (aufgenommen im „World of Orchids", Florida).

allem durch falsches Gießen oder Übersprühen. Staunässe in den Blattachseln und ständige stehende Nässe sind unbedingt zu vermeiden. Man sollte vor allem, so gut es geht, für Frischluft sorgen. Sollten sich über Winter Blattflecken wegen einer Pilzkrankheit einstellen, reicht es in fast allen Fällen völlig aus, diese mit etwas in Wasser angerührtem Aktivkohlepuder zu bepinseln.

Tip: Man erleichtert sich die Arbeit an Vandeen maßgeblich, wenn man mit Wasser gefüllte Blumenröhrchen an die lebenden Luftwurzeln hängt und diese alle paar Tage auf eine andere Wurzel umsetzt. Die Pflanze dankt es mit kräftigem Wuchs und schönen Blättern. Außerdem kann man direkt zugucken, wie eine *Vanda* trinkt.

Blütengröße: Vandeen und ihre Hybriden haben 3 bis 8 cm große Blüten, je nach Art und Hybride.

Besonderheit: Die endgültige Blütenfarbe stellt sich bei Vandeen und deren Hybriden erst nach einigen Tagen ein. Am Anfang ist die Farbe blasser und nimmt innerhalb der ersten Tage der Blüte zu.

Duft: *Vanda tricolor* duftet.

Blütezeit: Je nach Art und Hybride unterschiedlich, Frühjahr bis Herbst.

Blühdauer: 6 bis 8 Wochen oder länger, je nach Blütenanzahl und Rispen.

Nach dem Verblühen werden die Blütenstengel abgeschnitten.

Vermehrung: Vandeen bilden ab einer bestimmten Größe teilweise Seitentriebe aus der Achse heraus, die sich nach einiger Zeit auch bewurzeln und abgenommen werden können. Bei besonders großen Vandeen kann man auch die bewurzelten Kopfteile der Pflanzen abnehmen und separat eintopfen.

Übersommerung draußen: Alle Vandeen brauchen viel Frischluft, und die meisten von ihnen vertragen gut Temperaturschwankungen und müssen oft übersprühnebelt werden. Darum ist ab Mitte Mai ein Aufenthalt im Freien ideal. Man kann die Pflanzen in Laub- oder speziell Obstbäume hängen, in Rhododendren, an berankte Pflanzengitter, die die pralle Sonne abhalten, unter Balkonvorsprünge, an Rankgitter an Häuserwänden, wo die Mittagssonne nicht hinkommt, oder in aufgespannte Sonnenschirme innen an die Stangen hängen.

Ihrer Phantasie sind nur folgende Grenzen gesetzt: keine pralle Sonne über einen längeren Zeitraum, hängen Sie die Pflanzen nicht dahin, wo es vor Blattläusen wimmelt, bitte die Pflanzen nicht direkt auf den Boden stellen wegen möglichem Befall durch Ameisen oder Schnecken.

Vuylstekeara

Vuylstekearas sind häufig im Handel als **Cambria** angebotene Mehrgattungshybriden aus: *Cochlioda* × *Miltonia* × *Odontoglossum*. Ihr Name stammt von ihrem ersten Züchter namens Vuylsteke. Sie vereinen die knalligen Farben von *Cochlioda* mit der Blütengröße und den Kulturansprüchen der *Miltonia* und wurden durch die Einkreuzung von *Odontoglossum* unkomplizierter in der Haltung als z. B. reine Miltonien.

Häufig werden angeboten: *Vuylstekeara* Cambria 'Plush' (rot/weiß) und *Vuylstekeara* Cambria 'Lensing's Favorite' (weniger rote Zeichnung mit mehr Weiß als Cambria 'Plush'), *Vuylstekeara* Cambria 'Aad Wooning' (orange/weiß); erwähnt sei auch Cambria 'Susan Bogdanow', die aber wissenschaftlich zu *Odontonia* gehört.

Vuylstekeara Hambühren vereint in einer Blüte die seltene Kombination der Farben Rot und Pink.

Eine *Vuylstekeara*, die wegen ihrer auffälligen Tönungen von Orange und Gelb im Handel unter dem Kultivarnamen 'orange' oder auch 'aurea' angeboten wird.

Temperatur: Vuylstekearas gedeihen sowohl warm als auch temperiert. Warm wachsen sie am schnellsten, bekommen aber auch leider leichter Schädlinge als bei temperierter Haltung.

Zur Blüteninduktion empfiehlt sich eine Temperaturabsenkung über mehrere Wochen auf 16 bis 18 °C noch kurz vor Ausbildung der neuen Bulbe. Allerdings blühen Vuylstekearas auch, wenn diese Absenkung unterbleibt.

Licht und Standort: Ostfenster, Westfenster, Südostfenster, Südwestfenster und helle Nordfenster sind geeignet. Sie müssen vor praller Sonne über die Mittagsstunden an einer Südseite geschützt werden. Vom Lichtbedarf her entsprechen Vuylstekearas etwa dem von *Odontoglossum*. Sie sind nicht so empfindlich wie Miltonien. Aber auch sie reagieren auf zuviel Licht mit einer Rotverfärbung der Blätter.

Substrat: Eine Mischung aus Torf, Rinde und Agrofoam sorgt für eine gute Bewurzelung und ein gutes Wachstum der Pflanzen.

Umtopfen: Entweder direkt nach der Blüte oder aber, wenn die Neutriebe etwa 5 cm groß sind, kann umgetopft werden. Eine Dränageschicht ist auch für diese Mehrgattungshybriden unerläßlich.

Übersprühen: Ab dem späteren Frühjahr empfiehlt sich ein regelmäßiges Übernebeln, einmal in der Woche auch unter Zusatz von ½ ml Flüssigdünger. Man stärkt dadurch die Pflanze und beugt eventuellem Schädlingsbefall vor.

Gießen: Zwischen den einzelnen Wassergaben muß das Substrat wieder richtig abgetrocknet sein. 8 bis 10 Tage hält eine *Vuylstekeara* leicht auch ohne Wasser aus, wenn man z. B. in Urlaub ist – es sei denn, die Pflanze steht gerade in voller Blüte. Wenn dann das Substrat über einen längeren Zeitraum zu trocken steht, welken die Blütenränder, genau wie bei den Miltonien.

Düngen: Einmal im Monat sollte man eine Düngung über das Gießwasser verabreichen, einmal in der Woche eine Düngung dem Sprühwasser beigeben. Bei beiden Formen der Düngung sollte der Anteil an Flüssigdünger ½ ml nicht übersteigen.

Schädlinge: Bei zu geringer Luftfeuchtigkeit kann auch hier leicht Befall durch Spinnmilben und Thrips auftreten. Auch können Läuse aller Art durch Blumen aus dem Garten oder von anderen Zimmerpflanzen übertragen werden.

Eine befallene Pflanze muß man sofort isolieren, abduschen und mit einem ölhaltigen Mittel übersprühen. Notfalls den Blütenstengel kappen, falls auch die Blüten befallen sind. Nicht vergessen, die umstehenden Pflanzen genauestens auf Schädlingsbefall hin zu untersuchen (auch an die Blattunterseiten denken)!

Blütengröße: Bei den meisten Arten beträgt der Blütendurchmesser vertikal gemessen ca. 9 cm. Die Blütenstengel können 50 bis 100 cm lang werden und über 20 Blüten pro Stengel tragen.

Blütezeit: Ganzjährig, Frühjahr und Herbst bevorzugt.

Wenn die Pflanzen sich wohl fühlen und schnell wachsen, können sie auch zweimal im Jahr zur Blüte kommen. Der Abstand zwischen dem Verblühen und der neuen Blüte liegt bei 6 bis 7 Monaten, wenn erst noch eine ganz neue Bulbe zu bilden ist. Hat man eine Pflanze, die bereits einen oder mehrere neue Blättertriebe hat, verkürzt sich natürlich die Zeit bis zur nächsten Blüte.

Blühdauer: Diese ist recht unterschiedlich und abhängig von der Blütenanzahl. Pflanzen mit nur drei Blüten blühen etwa nur 5 Wochen lang, wohingegen kräftige Pflanzen mit 20 Blüten pro Stengel leicht 3 Monate lang blühen können. Manchmal folgt während der Blütezeit bereits der nächste Blütenstengelansatz, so daß die Pflanze nach dem Verblühen gleich wieder mit einem neuen Blütenstengel weiterblüht.

Nach dem Verblühen: werden die Stengel abgeschnitten und je nach Zustand des Substrates umgetopft. Es ist den Pflanzen sehr zuträglich, sie nach der Blüte etwas trockener und ein paar Grad kühler zu halten.

Kulturfehler: Vyulstekearas können eine Menge Kulturfehler aushalten. Ist allerdings das Substrat zu sehr verdichtet, überdüngt oder veralgt, reagieren auch sie auf die Dauer gesehen mit Ziehharmonikawuchs. Sie sind aber in dieser Beziehung in keiner Weise so empfindlich wie Miltonien.

Vermehrung: Dem Laien ist nur eine vegetative Vermehrung durch Teilung möglich. Es sollten mindestens 3 bis 4 Bulben pro Topf verbleiben.

Wilsonara

Eine *Wilsonara* ist eine Kreuzung aus *Cochlioda* × *Odontoglossum* × *Oncidium*. Sie sieht von der Blüte her den *Odontiodas* oder anderen *Odontoglossum*-Kreuzungen ähnlich. Viele ihrer Hybriden bestechen durch satte, rostbraune und gelbe Farbtöne.

Ihre Blühdauer beträgt zwischen 4 und 8 Wochen. In allen Kulturbedingungen sind Wilsonaras so zu halten wie *Odontoglossum*.

Zygopetalum und Zygosepalum

Temperatur: Diese Gattungen vertragen Temperaturen bis zu 30 °C. Im Winter können die Temperaturen viel niedriger sein. Dort sollte die Tagestemperatur um 16 bis 18 °C liegen und die Nachttemperatur nicht unter 10 °C abfallen.

Licht und Standort: *Zygopetalum* und *Zygosepalum* sind ausgesprochene Schattenpflanzen und gedeihen deswegen auch an der Nordseite. Auch Ost- und Westseite ist zu empfehlen.

Substrat: Ein Torf-Rinden-Gemisch ist angemessen.

Umtopfen: Es wird am besten dann umgetopft, wenn sich die neuen Wurzeln an den Neutrieben zeigen.

Übersprühen: Beide Gattungen dürfen auf keinen Fall übersprüht werden!

Gießen: Im Winter erfolgt eine Ruheperiode, in der über mehrere Wochen nicht oder nur wenig gegossen wird.

Beispiel für eine *Wilsonara*-Hybride. Die Wilsonaras sind ausgesprochen vielgestaltig.

Zygopetalum ist eine intensiv duftende Gattung, bei der sich in Zimmerkultur Blattflecken kaum vermeiden lassen. Sie gehört zu den wenigen Orchideengattungen, die nicht übersprüht werden dürfen.

Düngen: Gedüngt wird nur über das Substrat in einer Konzentration von ½ ml Flüssigdünger auf 1 l Wasser.

Schädlinge und Kulturfehler: Die sehr weichen Blätter werden im Winter bevorzugt von Spinnmilben befallen, falls die Luftfeuchtigkeit zu niedrig ist.

Bei zu feuchtem Stand treten bei beiden Gattungen sehr leicht Blattflecken und Pilzbefall auf.

Blütengröße: *Zygosepalum* hat 5 bis 7 cm große Blüten im Längsdurchmesser. *Zygopetalum* hat ca. 7½ cm große Blüten.

Blütezeit: Die Orchideen der beiden Gattungen sind meistens Herbstblüher, die bei sehr guter Pflege auch im Frühjahr noch einmal blühen können.

Blühdauer: Beide Gattungen blühen etwa 4 Wochen.

Duft: Der Duft von *Zygopetalum* und *Zygosepalum* ist sehr intensiv und angenehm.

Tip: Nur wer schon ein bißchen Erfahrung mit Orchideen hat, sollte sich Vertreter dieser Gattungen kaufen!

Ein Standort draußen im Sommer wirkt manchmal wahre Wunder gegen Blattflekken und kräftigt die Pflanze.

Nach dem Verblühen werden die Blütenstengel abgeschnitten und die Pflanze nur sehr wenig oder gar nicht gegossen und etwas kühler gestellt.

Vermehrung: In Fensterbankkultur bleibt dem Laien nur die Möglichkeit einer vegetativen Vermehrung durch Teilung.

Orchideen als Schnittblumen

Generell läßt sich sagen, daß sich Orchideenblüten natürlich länger an der Pflanze halten als in Form von Schnittblumen. Dennoch haben sich einige Orchideengattungen auch als Schnittblumen gerade wegen ihrer guten Haltbarkeit bewährt:

Phalaenopsis sollte man als Schnittblumen unbedingt in **warmes Wasser** stellen. Das Wasser muß spätestens alle drei Tage ausgewechselt werden. Werden die Blüten in der Vase schlaff, sollte man mehrfach hintereinander warmes Wasser in die Blumenvase füllen, bis sich die Blüten wieder erholt haben. Falls die Blüten frisch abgeschnitten waren, halten sie mindestens drei Wochen.

Paphiopedilum hält man in der Blumenvase oder im Blumenröhrchen dagegen in **kaltem Wasser.** Frisch abgeschnitten, halten auch sie mehrere Wochen.

Dendrobium phalaenopsis oder *bigibbum* halten sich als Schnittblumen unter den Orchideen mit am längsten.

Cymbidium ist mit ihren großblumigen Rispen eine häufig angebotene Schnittorchidee. Einzelne Blüten halten sich mehrere Wochen lang im Blumenröhrchen, auch hier vorausgesetzt, sie waren erst kurz vorher abgeschnitten.

Cymbidium stellt man in **kühles Wasser.**

Hin und wieder werden auch *Renanthopsis* und **Vandeen** als Schnittblumen angeboten. Auch sie halten sich am besten in Blumenröhrchen und lassen sich so schön in Gestecke integrieren.

Phalaenopsis Zuma Chorus 'Kolibri'.

Tägliche Pflege der Orchideen:

Übersprühen, Beobachten und Hochbinden

Warum muß man übersprühen? In der Heimat der meisten Orchideen gibt es täglich einen oder mehrere feuchtwarme tropische Regenschauer, zumindest während der Regenzeit.

Bei uns gibt es dagegen nur warme Heizungsluft und zumeist für Orchideen zu geringe Luftfeuchtigkeit. Hier gilt: **Eine Luftfeuchtigkeit, die auch unseren Atemwegen angenehm ist, bekommt auch Ihren Orchideen.**

Dem Anspruch der Pflanzen, entgegen den Bedingungen in unseren Häusern, wird man durch tägliches Übersprühen gerecht. Also sprühnebelt man, um die Luftfeuchtigkeit zu steigern, den Pflanzen Feuchtigkeit über das Blattwerk und die Wurzeln zuzuführen oder um sie auf diese Art auch zu düngen. Sprühen hilft den Pflanzen, sich wohl zu fühlen, und ist, falls man damit die richtige Luftfeuchtigkeit erreicht, zudem noch vorbeugend gegen Schädlingsbefall.

So einfach das Übersprühen ist, so viel kann man dabei auch verkehrt machen. Darum ist das Übersprühen, genau wie das richtige Gießen, eine Kunst, die man erst erlernen muß. **Die günstigste Zeit zum Übersprühen** ist der **Morgen,** da dann die Sonneneinstrahlung noch nicht so stark ist. Die Wassertröpfchen können, wenn mittags im Sommer gesprüht wird, wie Brenngläser wirken und Brandflecken hinterlassen. Wer morgens sprüht, gibt der Pflanze den ganzen Tag lang Zeit zum Abtrocknen. Dabei ist Luftbewegung (Lüftung, aber nicht Durchzug) günstig. Stehendes Wasser auf Orchideen über Nacht kann auf die Dauer zu Fäulnis und Pilzbefall führen.

Bei besonders hohen Außentemperaturen – über 30 °C im Schatten – sollte man **bis zu dreimal am Tag** sprühen. Bei diesen Temperaturen trocknet alles auch am Abend noch genügend ab.

Im Winter ist das Übersprühen in **geheizten** Räumen darum unerläßlich, weil die Luftfeuchtigkeit oft auf 40 % sinkt. Die aufsteigende Heizungsluft selbst hat nur eine Luftfeuchtigkeit von 10 %! Zumeist sind auch die Heizkörper direkt unter dem Fensterbrett angebracht, so daß die aufsteigende trockene Luft gewisse Schädlinge begünstigt und bei manchen Orchideenarten die Blattränder austrocknet, so daß diese braun und unansehnlich werden. Wer feststellt, daß die Pflanzen länger als eine Stunde nach dem Übersprühen zum Abtrocknen brauchen, sollte nicht sprühen.

Grundsätzlich ist das Übersprühen im Winter eine (unvermeidliche) Gratwanderung: Sprüht man etwas zu viel, begünstigt man womöglich eine Bakterienerkrankung (Blattflecken), sprüht man zu wenig, treten Schild- und Wolläuse auf.

Je feiner der Sprühnebel auf den Blättern ist, desto besser.

Ein Druckluft-Pumpsprüher erleichtert diese Arbeit ungemein. Er verfügt über eine Feinsteinstellung und erspart Zeit und Daumenkraft.

Man sprüht nur die Blätter, und nie die Blüten! Stehendes Wasser auf den Blüten hinterläßt unschöne Flecken.

Bitte nur mit handwarmem Wasser sprühen, da die Pflanzen auf kaltes Wasser, vor allem an warmen Tagen, sehr empfindlich reagieren und dies mit gelben Blättern quittieren.

Einmal in der Woche wird während der Wachstumszeit (die bei jeder Pflanze anders liegen kann!) **Flüssigdünger** (nicht mehr als 0,5 bis 1 ml pro 1 Wasser) dem Sprühwasser zur Blattdüngung zugefügt.

Eine Faustregel dabei ist: **lieber häufiger, in geringerer Menge düngen, als selten und hochkonzentriert.**

Der Vorteil einer Blattdüngung besteht darin, daß die empfindlichen Wurzeln dabei geschont werden, da die Aufnahme der Nährstoffe über das Blattwerk erfolgt. Somit eignet sich die Blattdüngung auch für frisch umgetopfte Pflanzen.

Wer **in den Sommermonaten** übersprüht, sollte **vorher schattieren.** Die Hitze draußen reicht aus, um auch bei heruntergelassenen Rollos das Sprühwasser wieder schnell verdunsten zu lassen.

Ausnahme: Einige wenige Orchideenarten vertragen das Übersprühen nicht so gut. Das sind einmal die laubabwerfenden Calanthen, bei denen Sprühwasser auf den Blättern häßliche Flecken hinterläßt und die Neutriebe zum Faulen bringt.

Dann reagiert auch *Zygopetalum* mit schwarzen Flecken und Pilzbefall auf Sprühwasser. Bei allen Paphiopedilen sollte man generell nur leicht übernebeln, und selbst das sollte man unterlassen, sobald eine Pflanze eine Knospe zwischen den Herzblättern zeigt. Diese kann sonst nämlich entweder steckenbleiben, verfaulen oder aber sich nicht richtig entwickeln. Empfindlich gegen Sprühwasser sind auch die Neutriebe von Bifrenarien und Lycasten. Die gefälteten Neutriebe wirken wie ein Trichter und sammeln geradezu das Sprühwasser im Herzen des Neutriebes.

Unter dem ständigen **Beobachten** der Orchideen verstehe ich nicht nur das tägliche, zumindest aber wöchentliche Durchsehen der Pflanzen nach Schädlingen, sondern vor allem auch das Aufzeichnen der wichtigsten Informationen über eine Pflanze. Wer genau wissen will, wie lange seine Orchidee blüht, wie groß ihre Blüten sind, ob sie duften, wann der Triebbeginn ist, wie lange man sie schon hat, sollte sich alles peinlichst auf einem Blatt mit dem betreffenden Foto aufschreiben. Die ersten 20 Orchideen konnte ich noch anhand des Blattwerkes auseinanderhalten, aber die Blütezeiten hatte ich natürlich schon längst nicht mehr im Kopf.

Wer sich den Triebbeginn seiner Pflanzen aufschreibt, weiß, wann er turnusgemäß wieder düngen kann. Wer sich aufschreibt, wann die Blütentriebe erscheinen, kann genau verfolgen, wie lange die einzelnen Arten bis zur Blüte brauchen, und die Blütezeit so mit einigen Jahren Übung über viele Monate voraussagen.

Jede Orchidee hat bei mir ein Kunststoffschild im Substrat (bekommt man z. B. in Orchideenzentren oder bei Meyer), auf dem der genaue Name, Erwerbsdatum, Preis und Erwerbsort vermerkt werden sowie eine Nummer, falls von der Gattung mehrere Exemplare vorhanden sind. So weiß man auch im verblühten Zustand anhand dieses Schildchens, mit welcher Orchidee man es zu tun hat und kann die entsprechenden Informationen dazu jederzeit nachschlagen.

Ich habe auf diese Weise meine 350 Orchideen griffbereit in zwei dicken Ringbüchern: für jede Orchidee einen Zettel mit Foto auf einem Begleitblatt und in einer Dokumentenhülle. Dort trage ich alle paar Tage die neusten Daten ein: Welche Orchidee gerade aufgeblüht, verblüht ist oder Sonstiges.

Diese Aufzeichnungen, über Jahre gewissenhaft verfolgt, sind das beste Orchideenbuch, das man haben kann. Es kann immer auf den neusten Stand gebracht werden und ist das einzige Buch der Welt, das sich mit Ihren eigenen Orchideen beschäftigt.

Zur täglichen Pflege der Orchideen gehört auch, alle paar Wochen die Dränage in den Blumenübertöpfen auf Schädlinge hin zu untersuchen. Allerlei kleines Getier mag sich im überschüssigen Wasser angesammelt haben. Dann müssen die Übertöpfe von innen und die Plastikinnentöpfe von außen gereinigt werden.

Bei Veralgung der Dränage empfiehlt es sich, mit einem der genannten Mittel zu desinfizieren (Herstellerhinweise beachten, vor Unbefugten gesichert aufbewahren). In beiden Fällen muß die Dränage weggeworfen und ausgetauscht werden.

Ist die Dränage nur vom Substrat beschmutzt, reicht es aus, die Dränage tüchtig unter fließendem warmen Wasser auszuspülen, bis sie wieder sauber ist.

Eine weitere tägliche Aufgabe ist das **Hochbinden der Blütenstiele.** Wer nicht gerade seine Orchideen mit hängenden Rispen in Körbchen kultiviert, kommt bei den meisten Arten nicht umhin, die Stengel hochzubinden. Gerade auf der Fensterbank kommen sie so am besten zur Geltung und weg von der gefährlich trockenen Heizungsluft.

Das Hochbinden ist insbesondere wichtig für Pflanzen mit großen und schweren Blüten, oft Hybriden, die schon durch ihr Eigengewicht alleine abbrechen können, wenn man sie z. B. an einen anderen Ort stellen will.

Zum Hochbinden eignet sich am besten runder, mit grünem Kunststoff beschichteter **Draht**. Viele andere Drähte schneiden sich – wenn man zu fest bindet – in den Blütentrieb, während er sich im Wachstum befindet und sich in Länge und Breite folglich weiterentwickelt, und das hinterläßt Narben. **Bast** hat dagegen den Nachteil, daß man ihn nur einmal verwenden kann, und man muß dabei knoten, was länger dauert, obwohl er natürlich eine billigere Lösung ist. **Tesafilm** hat den Nachteil, daß es sich manchmal nicht ohne Beschädigung der Pflanze wieder vom Stengel oder der Bulbe entfernen läßt. Der grüne Draht ist dagegen mehrmals verwendbar und läßt sich in vorher zurechtgeschnittenen Stücken praktisch in einem Keramiktöpfchen auf der Fensterbank immer griffbereit aufbewahren.

Im Handel (Gartencenter) sind auch dünne, oft grün gefärbte Holzstäbe, die nach unten hin spitz zulaufen. Man schiebt sie vorsichtig in Stengelnähe in die Erde und achtet darauf, daß man dabei keine Wurzeln verletzt. Darum vermeidet man, die Stäbe in Nähe des Topfrandes zu stecken. Ab einer Stengelhöhe von 10 cm bindet man in regelmäßigen Abständen den Stengel so lose mit dem Draht an den Holzstab, daß der Stengel zwar Halt hat, aber nicht im Wachstum behindert wird. So kann man z. B. die Wuchsrichtung des Stengels (zur Fensterscheibe hin) vorsichtig korrigieren.

Bei der Anbringung des Drahtes **an Phalaenopsis** muß man auch darauf achten, daß man ihn nicht direkt über ein ruhendes Auge bindet, da dort immer die Möglichkeit eines neuen Seitentriebes besteht. Man bindet ihn also immer an den Zwischenstücken zwischen den Augen locker an.

Bei Cattleya oder anderen Pseudobulben ausbildenden Pflanzen empfiehlt es sich sogar oft, die Wuchsrichtung der neuen Bulben zu beeinflussen, da die neuen Bulben mit den großen Blättern sonst kreuz und quer wachsen und sehr viel Fensterbankplatz wegnehmen.

Gerade austreibende neue Bulben kann man mit einem Plastikschildchen (z. B. dem Namensetikett) über das Substrat und nach oben leiten. Ist diese Bulbe dann 15 cm groß oder mehr, läßt sie sich vorsichtig an eine alte, in der Nähe stehende Bulbe anbinden, oder aber an einen Holzstab.

Die Blattscheiden dienen bei z. B. *Cattleya* als natürliche Stütze des Blütenstengels, den ich jedoch bei vielen oder besonders großen Blüten trotzdem zusätzlich hochbinden würde. Man kann dazu auch einen dünnen Holzstab am oberen Ende einige Zentimeter einschneiden und die Blüte vorsichtig in die Kerbe hineinheben.

Für *Paphiopedilum* existieren Drahtstäbe, die häufig beim Erwerb einer solchen Pflanze schon dabei sind und die die große Blüte durch eine halboffene Rundung stützen. Solche Drahtstützen sollte man sich in jedem Fall aufbewahren. Man kann die *Paphiopedilum*blüten dort praktischerweise einfach einhängen.

Auch Holzstäbe sind gut geeignet. Sie lassen sich per Seitenschneider auf die gewünschte Länge kürzen. Vorsicht allerdings bei der Wiederverwendung von Holzstäben! Verrottete Teile eines Holzstabes müssen unbedingt weggeschnitten werden. Der im Topf befindliche Teil des Holzstabes entwickelt sich durch die Feuchtigkeit im Substrat leicht zum Infektionsherd.

Bei Orchideen mit kurzen oder leichten Blütenständen ist ein Aufbinden des Blütenstengels nicht unbedingt nötig. Sie wirken sehr schön in einer Hängeampel, genau wie *Coelogyne cristata* oder *Dendrobium thyrsiflorum*, bei denen die Blütenstände kaskadenartig nach unten hängen. Auf der Fensterbank kann man diese Pflanzen auf eine Blumensäule oder einen umgekehrten Blumenübertopf stellen, damit die Blüten frei nach unten hängen können und trotzdem noch oberhalb der Fensterbank zu sehen sind.

Wer einen **Epiphytenstamm** hat, braucht bei daran befindlichen Orchideen die Stengel natürlich ebenfalls nicht hochzubinden.

Bei **Orchideen mit extrem kurzen, nur knapp über der Erde liegenden Blütenstengeln,** wie z. B. *Phalaenopsis violacea*, kann man die Blütenstände durch ein Plastikschildchen über den Topfrand leiten oder durch ein Miniholzstück über das Substrat anheben, da sonst leicht Pilze oder Fäulnis Stengel und Blüten befallen können.

Was man beim Kauf von Orchideen beachten sollte

Es kommt auf die Blätter und die Wurzeln an, nicht auf die **Blüten.** Es sind die Blüten, die uns in der Regel dazu verleiten, eine Pflanze zu kaufen oder nicht. Trotzdem sollte man sich die Pflanze vorher genau ansehen. Sind die Blätter auch schön stark und kräftig, sind die Wurzeln grau mit grünen oder roten frischen Spitzen? Gerade der Anfänger tut gut daran, sich eine kräftige und gesunde Pflanze auszusuchen. Die Blüte ist also nicht das maßgebliche Kriterium zur Beurteilung des Gesundheitszustandes einer Pflanze. Diese wird auch noch vor dem Eingehen blühen, denn sie will ja ihre Art erhalten.

• **Nehmen Sie sich also viel Zeit zum Orchideenkauf.** Gehen Sie herum und schauen Sie sich alle Pflanzen genau an, bevor Sie eine auswählen. Kauft man auf die Schnelle, erlebt man zu Hause oft unliebsame Überraschungen (s. unten).

• **Untersuchen Sie die Pflanze sorgsamst auf Schädlinge.** Leider muß ich sagen, daß in vielen Blumengeschäften Orchideen falsch gegossen werden. Vor allem, wenn die Pflanzen schon längere Zeit zwischen den anderen Blumen gestanden haben, siedeln sich alle Arten von Schädlingen an. Besonders alle Arten von Läusen und Schnecken kann man finden. Bei Thrips oder Spinnmilben oder braunen Flecken, egal wo sie sich auf der Pflanze befinden, bitte die Pflanze nicht kaufen.

Bezahlen Sie bei einer von Schädlingen befallenen Pflanze niemals den vollen Preis, denn eine Pflanze mit Schädlingen ist immer ein Risiko für ihre anderen Orchideen. Es ist auch möglich, daß eine so geschwächte Pflanze schnell verblüht. Sprühen Sie, falls Sie eine solche Pflanze erwischt haben, zu Hause in jedem Fall noch einmal mit Spruzit (Herstellerhinweise beachten), und isolieren Sie die Pflanze.

Ich habe schon erlebt, wie im Blumengeschäft jemand mit einer Paral-Sprayflasche dicht an eine Orchidee gehen wollte, um zu sprühen. Die Blätter wären in Sekundenschnelle vereist!

• **Kaufen Sie nur Pflanzen, die nicht länger als zwei bis drei Wochen im Blumengeschäft gestanden haben.** Blumengeschäfte sind in der Regel nicht auf Orchideen spezialisiert. Sie verkaufen sie gemäß dem Trend nur nebenbei, und das kann man leider oft merken.

Wer Pech hat, erwirbt so eine hübsch blühende *Phalaenopsis*, der regelmäßig von oben eiskaltes Wasser ins Herzblatt gegossen wurde. Der Schaden zeigt sich noch nicht sofort. Aber etwa nach einer Woche bei Ihnen zu Hause bekommt die *Phalaenopsis* ein gelbes Herzblatt, das abfällt – und damit ist die Pflanze dahin. Und das obwohl **Sie** alles richtig gemacht haben.

Gehen Sie in solch einem Fall mit der Pflanze zurück (immer schön die Quittung mit dem Datum verwahren!) und bestehen Sie auf Umtausch.

• **Orchideen müssen nicht teuer sein.** Auch mit einem kleinen Geldbeutel kann man Orchideen halten. Fragen Sie in Blumengeschäften und Orchideenzentren nach Sonderangeboten und nach verblühten Pflanzen (die man nach einiger Zeit wieder zum Blühen bringen kann).

Auch **Jungpflanzen sind wesentlich billiger,** aber erfordern etwas Erfahrung und brauchen mehrere Jahre Zeit, bis man mit einer Blüte belohnt wird.

• **Fragen Sie immer nach dem genauen Namen der Orchidee beim Kauf.** Nur so können Sie in Büchern die Kulturbedingungen und Pflegeanleitungen nachlesen. Leider bekommt man nicht überall hinreichend Auskunft. Die Angabe „Orchidee" ist entschieden zu wenig!

• **Fragen Sie beim Kauf nach dem Temperaturbereich und eventuellen Ruhezeiten der Pflanze.** Es nützt Ihnen kein *Dendrobium nobile* im Wohnzimmer bei 22 °C. Die kriegen Sie so nie wieder zum Blühen, denn diese Pflanze benötigt eine Temperaturabsenkung auf 10 °C und gehört zu den kalt zu haltenden Orchideen. In vielen Blumengeschäften werden Sie als Anleitung nur das stereotype „mäßig feucht halten, halbschattiger Standort" erhalten, mit dem Sie im Prinzip zunächst nichts anfangen können. Denn wie gießt man mäßig, und wie definiert man halbschattig?

Darum:

• **Es ist immer das beste, man kauft seine Orchideen dort, wo man sich damit auskennt, also in einer Orchideengärtnerei.** Das Personal ist dort geschult und gibt bereitwillig Auskunft.

Außerdem kann man Ihnen dort die Pflanze mit einem korrekten Namensschildchen versehen. Die Aufschrift „Dendrobie" reicht alleine nicht, denn es gibt kalt zu haltende, warm zu haltende, temperiert zu haltende und welche für den wechselwarmen Bereich. Fragen Sie, und machen Sie sich Notizen. Vieles ist so neu, daß man die gerade erhaltenen Informationen leicht wieder vergißt.

• **Notieren Sie sich die Telefonnummer Ihres nächstgelegenen Orchideenzentrums.** Sie werden immer wieder Fragen haben, die Ihnen nur Fachleute beantworten können. Oft genügt ein kurzer Anruf zur Klärung.

• **Kaufen Sie beim Erwerb einer Orchidee auch gleich immer Orchideenerde mit.** Wenn Sie dann einmal umtopfen müssen, ist gleich ordentliches, sachgemäßes Substrat zur Hand, an das man sonst in manchen Städten nicht zu kommen weiß. Zwar gibt es fast überall „Orchideenerde" zu kaufen, aber das ist eine Einheitserde, die nicht für alle Arten gleichermaßen geeignet ist. Manche Mischungen sind auch durch Artenschutzabkommen verboten und noch immer im Handel. Außerdem liegen die Orchideenerdetüten oft schon zu lange eingeschweißt im Plastikbeutel, als daß sie noch tauglich sein könnten. Orchideenerde bitte immer in offenen Beuteln aufbewahren!

• **Wer sich eine noch im Aufgehen befindliche Orchidee kauft, hat gerade als Anfänger das Erfolgserlebnis einer langen Blütezeit.** Etwa eine *Phalaenopsis* mit drei offenen Blüten und dem Rest Knospen, eine *Cattleya* mit einer offenen Blüte und einer Knospe, ein *Paphiopedilum*, das seine Fahne noch nicht ganz aufgerichtet hat, zumindest aber noch lackfarben glänzt.

Wie enttäuscht muß gerade der Anfänger sein, wenn er ein teures *Paphiopedilum* erstanden hat, was nach zwei Tagen verblüht ist. Wahrscheinlich gibt er sich selber die Schuld und zweifelt an seinen Fähigkeiten, dabei hat er mit ziemlicher Sicherheit nur einen Ladenhüter erwischt.

• **Kaufen Sie nur Pflanzen mit zumindest einer offenen Blüte!** Ich habe schon orangefarbene *Phalaenopsis* mit Zertifikat und Foto erstanden, die alles andere waren als orange, als sie schließlich nach einem Jahr zur Blüte kamen. Auch Namensetiketten können einmal vertauscht sein. Antilopendendrobien können unter Umständen auch einmal keine gedrehten Petalen haben etc.

Wer nur das kauft, was er mit eigenen Augen sieht (nicht das, was man ihm verspricht) hat auch hinterher das, was er wollte.

Orchideen und Urlaub

Wie lange kann ein Orchideenliebhaber in Urlaub fahren, ohne daß er jemand anderen mit dem Gießen seiner Orchideen beauftragen muß? Im Frühjahr oder Herbst kann man getrost 10 bis 14 Tage in Urlaub fahren, ohne zu gießen. Kritisch ist es nur im Sommer, wenn die hohen Außentemperaturen ein tägliches Übersprühen nötig machen, sowie eine Schattierung.

Das beste ist in so einem Fall, man weist eine vertrauenswürdige Person in die Kunst des Orchideengießens und -sprühens ein. Bewässerungssysteme mit Wollfäden vom Topf zu Wasserbehältern sind nicht nur mühsam, sondern auch unzuverlässig und sollen deswegen hier nicht näher erläutert werden. Etwas einfacher sind die auf ähnliche Art und Weise funktionierenden Systeme, die aus einem Ton- oder Plastikröhrchen mit Schlauch bestehen und einfach in die Erde gesteckt werden. Sie sind allerdings sehr kostspielig, wenn man sehr viele Orchideen hat. Außerdem verstopfen sie leicht, so daß die Wasserzufuhr stoppt, während Sie im Urlaub sind.

Ein Problem im Urlaub sind die Vandeen, da sie 1- bis 3mal pro Tag je nach Jahreszeit übersprüht werden müssen. Man kann zwar mit Wasser gefüllte Blumenröhrchen an gesunde Luftwurzeln klemmen, was aber kein gleichmäßiges Übersprühen der Pflanze ersetzen kann, da sie spätestens nach 2 Tagen leergetrunken sind. Man kann während eines zweiwöchigen Urlaubs die Vandeen über eine mit Wasser gefüllte Badewanne, etwa im Badezimmer hängen. Dieser kurzfristige Lichtmangel wird von ihnen ertragen. Günstig ist es, wenn man die Möglichkeit hat, die Pflanzen in den Garten zu hängen.

Wer länger als 2 Wochen in Urlaub fährt, kommt allerdings ohne fachkundige bzw. gut eingewiesene Nachbarn nicht aus.

Ein anderes Problem ist das der Schattierung über die Sommermonate. Man kann seine Orchideen für den Zeitraum seines Urlaubs vom Fenster wegnehmen und auf Tische oder den Fußboden stellen. Dabei muß man aber berücksichtigen, daß man die Pflanzen dabei von ihrem gewohnten, hellen Standort entfernt, was unter Umständen mit vorzeitigem Verblühen oder aber Knospenabfall quittiert werden (insbesondere bei *Phalaenopsis*), ihnen aber ansonsten nicht weiter schaden kann.

Bessere Erfahrungen habe ich mit dem Abkleben der Fensterscheibe mit Hilfe von Transparentpapier oder Seidenpapier gemacht.

Diese Lösung ist preisgünstig und weniger arbeitsintensiv, als wenn man eine große Menge an Orchideen woanders hinstellt. Statt dessen bleiben die Pflanzen am gewohnten Standort, bekommen genügend Licht, können aber keinen Sonnenbrand bekommen. Außerdem ist die Art der Schattierung mühelos nach dem Urlaub zu entfernen. Sie hat noch weitere Vorteile: einmal, daß so zu zwei Dritteln schattierte Fenster auch gegen Spritzwasser geschützt sind, also nicht durch ein Übersprühen fleckig werden, und zweitens, daß das Transparentpapier das Sprühwasser aufnimmt und noch eine ganze Weile wieder an die Luft abgibt, so daß die Luftfeuchtigkeit effektiv so gesteigert werden kann.

Bei meinen über 300 Orchideen hatte ich mit derartigen Methoden keinen nennenswerten Schädlingsbefall und keine einzige Pflanze mit Sonnenbrand.

Wie mache ich meine Fensterbank orchideenfreundlich?

Sauberkeit und Hygiene sind die erste Regel der Orchideenhaltung. Das gilt für die Desinfektion aller Schneidegeräte, sauber abgewaschene Fensterbänke, desinfizierte Blumenübertöpfe. Dazu gehört weiterhin, öfter einmal die Dränageschicht im Übertopf auf Springschwänze und Algenbelag zu untersuchen und sie notfalls auszutauschen oder z. B. mit Spruzit das Substrat zu gießen. Mindestens 2- bis 3mal im Jahr sollte diese Dränageschicht im Innentopf ausgetauscht und der Topf 10 Minuten lang in Alkohol oder eine Desinfektionslösung gestellt werden – nach Angaben eines Fachmanns bzw. Gebrauchsanweisung, Unbefugte fernhalten! Die Dauer wird bestimmt durch die effektive Einwirkzeit.

Bei Befall durch Läuse (z. B. sichtbar durch klebrige Tröpfchen an der Fensterscheibe) muß das Fenster am besten geputzt werden, ebenso die Fensterbank und der Übertopf.

Zum Thema Sauberkeit gilt: Sprühflecken auf den Fensterscheiben schaden den Orchideen nicht, aber alles, was die Gesundheit der Pflanze beeinträchtigen könnte, sollte durch Hygiene so gut wie möglich ausgeschaltet werden.

Denken Sie daran, daß gebrauchte Holzstäbe Pilze und Bakterien übertragen können! Also immer vor einer weiteren Benutzung den Teil des Stabes abschneiden, der im Substrat steckte.

Eine weitere Voraussetzung dafür, die Fensterbank orchideenfreundlich zu machen, ist die Überwachung der **Luftfeuchtigkeit** durch ein **Hygrometer** und ein **Thermometer.**

Temperatur und Luftfeuchtigkeit und auch das Gießen müssen stets in orchideenfreundlichem Verhältnis zueinander stehen.

Etwa: 16 °C bei 86 % Luftfeuchtigkeit (unbeheiztes Schlafzimmer im Herbst bei trübem Wetter, optimal als temperiertes Haus, in dem auch anpassungsfähige Kalthausorchideen gedeihen. Sprühen nur bei sonnigem Wetter. Gießen reicht einmal die Woche.)

19 °C bei 81 % Luftfeuchtigkeit (Arbeitszimmer, leicht geheizt, optimal für temperiert zu haltende Orchideen, wie etwa Cattleyen in der Ruhephase, die sonst bei 21 °C stehen. Cattleyen trocknen durch das Rindenborkensubstrat bei leichter Heizung schnell aus, so daß ruhig zweimal die Woche gegossen werden kann. Sprühen ist nur an sonnigen Tagen notwendig).

20 °C bei 80 % Luftfeuchtigkeit (unbeheiztes Wohnzimmer, Südseite) bei trübem, regnerischem Wetter (Warmhaus), hat bei Sonneneinstrahlung im Herbst 24 °C und eben nur 55 % Luftfeuchtigkeit. Hygrometer und Thermometer sagen dann bei letzterem: hier müßte dringend einmal gesprüht werden.

Heizung hat lediglich den Nachteil, daß sie die Luftfeuchtigkeit vermindert. Die Heizkörper sind aber fast immer direkt in Fensternähe angebracht, so daß die Orchideen die trockene Heizungsluft abbekommen und sich dementsprechende Schädlinge und Kulturschäden einstellen. Wer seine Küchenhandtücher auf so einer Heizung trocknet, bewirkt damit Wunder: Er hat eine breitflächige Verdunstungsebene hergestellt und seine Orchideen vor der Heizungsluft abgeschirmt.

Lüften und regelmäßige Luftzirkulation wirken sich äußerst positiv auf Orchideen aus. Also: jeden Tag Fenster oder Tür aufreißen und kurz, aber ordentlich durchlüften – aber nur auf einer Seite, so daß kein Durchzug entsteht.

Orchideen in Übertöpfen zieren jede Fensterbank und bieten dem Orchideenliebhaber eine erschwingliche Möglichkeit der Steigerung der Luftfeuchtigkeit durch eine vom Betrachter unsichtbare Dränageschicht in den Übertöpfen. Fast jeder Haushalt verfügt über irgendwelche Blumenübertöpfe aus Ton oder Plastik. Spezielle Pflanzenwannen mit Hydrokies und Plastikgitter sind erheblich kostspieliger als preisgünstig eingekaufte Übertöpfe im Sonderangebot oder auf Flohmärkten. Pflanzenwannen müssen genauso oft gereinigt werden wie Übertöpfe, sind aber in der Reinigung unhandlicher. Außerdem geben Übertöpfe dem Topf mit den Orchideen besseren Halt als ein freier Stand in einer Pflanzenwanne. Dagegen können in letzterer natürlich mehr Pflanzen dicht an dicht untergebracht werden. Auch das Fensterputzen ist bei Pflanzenwannen einfacher, da mit einem Mal mehrere Pflanzen abgeräumt werden können. Man sieht also, die Vor- und Nachteile müssen schon sorgsam abgewogen werden.

Orchideen nicht zu dicht ans Glas stellen. Im Sommer verbrennen die Blätter dort noch leichter und werden gelb/rot, dann weiß, dann schwarz. Im Winter, sogar schon an kalten Herbsttagen, gibt es Frostschäden, die so silbrig aussehen wie Thripsbefall, falls z. B. ein *Phalaenopsis*blatt die Fensterscheibe berührt.

Denken Sie an eine Schattierungsvorrichtung, falls Ihre Fenster an der Südseite, Südostseite oder Südwestseite liegen.

Woran erkenne ich, daß sich eine Orchidee wohl fühlt?

• Das neue Blatt / die neue Bulbe / der neue Trieb sollte mindestens so groß sein wie das Blatt / die Bulbe / der Trieb des Vorjahres, wenn es / sie ausgereift ist.

• Die Blätter sollten sich bei *Phalaenopsis*, *Vanda* und *Cattleya* hart und ledrig anfühlen, auf keinen Fall schlapp.

• Fast alle Orchideen blühen alle 10 bis 12 Monate einmal, manche auch zweimal pro Jahr. Bleibt länger als ein Jahr die Blüte aus, stimmt etwas nicht.

• Frische, grüne oder rote Wurzelspitzen und graues Velamen um die Wurzeln zeigen, daß das Wurzelwerk hier intakt ist und die Pflanze richtig gepflegt wurde.

• Der Blütendurchmesser sollte mindestens genauso groß wie im Vorjahr sein, besser aber sich noch vergrößern, bis die endgültige Größe erreicht ist.

• Der Blütentrieb sollte mindestens die Dicke des vorjährigen Blütentriebes haben oder aber noch kräftiger sein.

• Das Blattgrün sollte frisch und gesund aussehen, weder hellgrün noch dunkelgrün sein, sondern irgendwo dazwischen liegen.

• Fast immer beobachte ich bei neu erworbenen *Phalaenopsis*, die ich in Blüte kaufe, daß nach einigen Monaten der Blütenstengel nach vorne weiterwächst und dabei deutlich an Durchmesser zunimmt. Die Pflanze fühlt sich anscheinend an ihrem neuen Standort wohl. Wahrscheinlich ist sie vorher unter optimalen Gewächshausbedingungen besonders schnell für den Verkauf gezogen worden, was allerdings nicht ihrem natürlichen Tempo entsprochen hat. Wachsen braucht Zeit!

• Die Blätter sollten makellos, gleichmäßig gefärbt, ohne braune Flecken sein.

Ein paar Tips zum Fotografieren von Orchideen

• Gute Aufnahmen von Orchideen gelingen vor allem dann, wenn der Fotograf von der Schönheit des Fotoobjektes gefangengenommen ist. Das findet auch Ausdruck im fertigen Bild, wenn man es geschafft hat, den Zauber und die Schönheit von Licht, Form und Farbe in einer Momentaufnahme einzufangen.

• Der Hintergrund entscheidet darüber, wie gut die Farben im fertigen Bild herauskommen. Man kann entweder dunklen Fotokarton für hellfarbige Orchideen nehmen oder hellen für dunkle Arten.

Sehr reizvoll wirken auch grüne Blattpflanzen, etwa Farne oder aber auch grünbelaubte Calanthen. Schöne Fotos mit mehr Informationswert ergeben auch die Blüten vor dem Hintergrund der dazugehörenden Blätter. Dazu muß man allerdings dieselbe Gattung zweimal haben und einige Zeit für das richtige Aufstellen investieren.

• Ein **Makro-Objektiv,** falls vorhanden, ist immer von Vorteil, bei kleinen Blüten (*Dendrobium kingianum*, Oncidien, *Ascocentrum miniatum*) sogar unerläßlich.

• **Weitwinkel** sind dann von Vorteil, wenn man zwei aneinandergrenzende Fenster über Eck in einem fotografieren möchte.

• Eine weitere, noch dazu sehr preisgünstige Hilfe (um 20 DM) ist eine **Close-Up-Linse,** die lediglich auf ein vorhandenes Objektiv aufgeschraubt wird. Hiermit kann man noch näher an die Blüten herangehen. Es lassen sich auf diese Art und Weise auch sehr kleine Blüten mit einem zart verschwimmenden Hintergrund fotografieren. Bei großen Blüten bekommt man allerdings nur Teile der Blüte scharf, was allerdings auch sehr schön aussehen kann, wenn man zum Beispiel nur eine Lippe fotografieren möchte.

• Wer Orchideen fotografieren möchte, sollte am besten auf passendes Wetter warten. Bei hellem Sonnenschein werden Bilder, auch wenn sie im Raum aufgenommen werden, viel schöner als bei Regenwetter.

• Man sollte auch mit Ruhe und Zeit ans Werk gehen und vor dem endgültigen Foto mit Licht und Hintergrund experimentieren.

• Mit einem **Stativ** lassen sich auch bei schlechteren Lichtverhältnissen noch scharfe Fotos machen. Die Tiefenschärfe wird immer noch ein bißchen besser sein als ohne Stativ.

• Meinem Geschmack nach kommen die Farben der Orchideen am besten und natürlichsten heraus, wenn man mit Hilfe der **Nachmittagssonne** fotografiert. Insbesondere, wenn das Licht von vorne auf die Pflanzen fällt, kommen Farben am wärmsten und naturgetreuesten auf das Foto.

Man kann in einem nach Südwesten gerichteten Raum seine Orchideen auf einem Tisch so aufstellen, daß die Nachmittagssonne direkt darauf fällt. So gelingt es, selbst schillernde Punkte innerhalb der Blüten auf dem Foto festzuhalten.

• Bei der Verwendung eines 100-ASA-Farbbildfilmes in einem Raum mit Südseite werden die Farben am besten mit $1/125$ Sekunde Belichtungszeit, wohingegen bei dem gleich empfindlichen Diafilm $1/60$ Sekunde Belichtungszeit genügen, bei Stativaufnahmen sogar ein $1/30$.

• Viele Fotografen aber ziehen das **Blitzen** bei dieser Art von Aufnahmen vor – weil die Farbechtheit besser gewährleistet ist. Eine gewisse Erfahrung ist dazu aber nötig. Man arbeitet stets mit zwei Blitzen aus unterschiedlichem Winkel.

• **Farbfotos (sog. Papierbilder) oder Dias,** das ist die Qual der Wahl. Ich mache immer beides. Die Farbfotos dienen mir zur Katalogisierung meiner Pflanzen. Sie werden pro Bild auf Schreibmaschinenpapier geklebt und mit allen Informationen zur Pflanze in Listenform versehen: Name der Pflanze, Erwerbsdatum, Erwerbsort, Preis, ob blühend oder nicht, Triebbeginn, Blühdauer, Blütengröße, Triebe, Jahr und Schädlinge. Wer seine Pflanzen so schriftlich über Jahre beobachtet, stellt Rhythmen fest, was die Blütezeiten angeht, und sieht schwarz auf weiß, daß seine Blüten von Jahr zu Jahr bis zu einem gewissen Grad immer größer werden.

Dias dagegen wirken bei Vorträgen natürlich eindrucksvoller. Andererseits sind Papierbilder immer schnell zur Hand und ohne großen Aufwand zu zeigen.

Praktische Tips zur Orchideenpflege

Tip 1: Abgeknickte Blütenstengel lassen sich mit Tesafilm oder Ähnlichem an einen Holzstab „schienen", so daß die Blüten doch noch versorgt werden können. Manchmal regeneriert sich ein so behandelter Blütentrieb wieder und heilt zusammen.

Tip 2: Leicht kippende Dendrobientöpfe lassen sich mit Styroporstücken im Übertopf feststopfen, damit sie das Gleichgewicht nicht verlieren. Herkömmlich wird immer ein dicker Kieselstein im Innentopf empfohlen. Das hat aber den Nachteil, daß man Umtopfen muß, also die Orchidee stören, wenn man den Stein in den Topf bekommen möchte. Außerdem kann so ein Stein auch die Ablauflöcher verstopfen.

Tip 3: Wer die Luftfeuchtigkeit an warmen Sommertagen bei draußen übersommernden Orchideen steigern will, kann in unmittelbarer Nähe der Pflanzen auf die Steine z. B. einer Terrasse einen Eimer Wasser ausgießen. Das wäre eine Maßnahme zusätzlich zum täglichen Übersprühen an besonders heißen Sommertagen.

Tip 4: Ein schönes dauerhaftes Geschenk ist ein blühender *Ludisia-discolor*-Stengel mit etwa 10 cm Blattachse und Blättern daran, abgeschnitten und in einen Topf gepflanzt. Ein solcher Blütenstengel hält sich sogar noch 2 Monate und ist ein vollständiger Ableger, der rasch anwächst und bis zum nächsten Winter neue Pflanzen austreibt, die frühestens nach einem Jahr blühen können, sicherlich aber nach zwei Jahren zu voll blühfähigen Pflanzen geworden sind.

Tip 5: Orchideenwurzeln sollte man niemals vorne an der Wachstumsspitze anfassen, da sie dann umgehend ihr Wachstum einstellen können.

Tip 6: Kunststoffpflanztöpfe kann man günstig gebraucht in jedem Blumengeschäft oder Gartenzentrum kaufen. Sie kosten nur etwa die Hälfte des Neupreises, müssen dann allerdings auch sorgsamt gereinigt oder sogar (nach Gebrauchsanweisung) desinfiziert werden. Manche Gärtnereien verschenken sie auch!

Tip 7: Papiertücher saugen schnell und einfach Stauwasser aus Herzblättern. Bei zu starkem Übersprühen kann es immer einmal zu Staunässe vor allem bei *Phalaenopsis* oder *Paphiopedilum* kommen. Hier bringt auch ein Tempotaschentuch, Küchentuch oder Stofftaschentuch rasch Abhilfe.

Tip 8: Bei Miltonien ist es besser **nicht erst zu warten, bis die Blüten abfallen,** sondern bei den ersten Verwelkungsanzeichen den Stengel abzuschneiden. Fällt nämlich eine verblühte Blüte auf ein Miltonienblatt, reichen unter Umständen schon wenige Stunden, um an dieser Stelle Fäulnis hervorzurufen.

Tip 9: Viele *Phalaenopsis* treiben neu aus den alten Blütenstengeln der Vorjahre mit aus. Darum vorsichtshalber bei ihnen die Stengel nicht abschneiden.

Tip 10: Styropor zur Dränage bekommt man in den verschiedensten Geschäften umsonst, da es als Verpackungsmüll anfällt. So tun Sie zusätzlich etwas für die Umwelt.

Tip 11: Artenschutzabkommen. Leider sind viele Naturformen der Orchideen in der Natur schon „ausverkauft". In Einzelfällen (bei vorgeschädigten Lebensräumen) durch das Absammeln, vor allem aber durch Biotopvernichtung oder -schädigung. Den Privatmann hat dies insofern zu interessieren, als daß er **auf keinen Fall aus der Natur entnommene Orchideen kaufen** sollte! Fragen Sie beim Kauf einer Orchidee immer nach ihrer Herkunft, und kaufen Sie prinzipiell **nur künstlich vermehrte Naturformen oder aber Hybriden.**

Ähnliches gilt für alle Substrate, die noch Farnwurzeln enthalten. Auch sie sind geschützt und dürften eigentlich gar nicht mehr im Handel sein. Lesen Sie sich beim Kauf von Substraten deren Zusammensetzung auf der Packung durch und kaufen Sie nichts, was Farnwurzeln (Osmunda, Adlerfarn, Baumfarn) enthält. Die Händler dürfen jeweils davon nur Restbestände verkaufen, worüber Sie zuweilen leider nicht einmal informiert sind. Bitte tun Sie das in einem solchen Fall!

Tip 12: Balkonblumenkästen lassen sich zur Erhöhung der Luftfeuchtigkeit mit Blähton und Wasser füllen und passen sehr gut auch auf schmale Heizkörper.

Tip 13: Manche Orchideenliebhaber stecken **Orchideenblütenröhrchen** (Blumengeschäft) mit Wasser gefüllt **an lebende, gut entwickelte Vandeenwurzeln.** Die Pflanze kann so ununterbrochen in geringen Mengen Feuchtigkeit zu sich nehmen. Ich setze diese Röhrchen als Urlaubsüberbrückung ein. Die Röhrchen sollten alle paar Tage auf andere Wurzeln gesetzt werden, damit keine Fäulnis entstehen kann.

Tip 14: Wer Orchideen hängend über anderen Orchideen kultiviert, die auf der Fensterbank stehen (z. B. Vandeen, die häufig übersprüht werden müssen), muß darauf achten, daß die unter den hängenden Orchideen stehenden Pflanzen keinen **Pilzbefall durch das Abtropfwasser** bekommen.

Man übersprüht also hängende Pflanzen, wenn es eben geht, nicht am Standort,

sondern nimmt sie zum Übersprühen ab. Viele Monate im Jahr kann man diese Pflanzen draußen übersprühen und kurz abtrocknen lassen. Im Winter (oder bei Temperaturen unter 10 °C) muß man mit einer Spüle, Dusche oder Badewanne vorliebnehmen.

Tip 15: Wer bei schlimmem Pilzbefall oder Schädlingsbefall alle Blätter einer Pflanze mit Pseudobulben abschneidet, muß damit rechnen, daß sich die Pflanze erst 1 bis 2 Jahre von dieser Roßkur erholen muß, bevor sie wieder blühen kann.

In jedem Monat sehen Orchideenfenster anders aus. Ständig blüht etwas auf oder verblüht wieder. Das macht dieses Hobby so interessant.

Merke: Besser für die Pflanze ein häßliches, von Pilzen entstelltes Blatt als gar keines!

Tip 16: Welche Stifte eignen sich zur Beschriftung von Etiketten an den Orchideen? Viele Stifte sind weder licht- noch wasserfest. Und wer möchte schon alle paar Monate die Namensetiketten an seinen Orchideen neu beschriften? Die billigste Lösung einer haltbaren Beschriftung ist ganz normaler Bleistift. Es geht auch mit Allbleistift, Lackstiften o. ä.

Tip 17: Ihrer Phantasie werden in puncto Orchideenhaltung keine Grenzen gesetzt: Auch **Frisbyscheiben, mit Blähton und Wasser gefüllt** und auf die Heizung gestellt, **steigern die Luftfeuchtigkeit.**

Tip 18: Wer unlackierte Tonübertöpfe besitzt, kann diese beim täglichen Übersprühen mit einfeuchten. Sie geben das Wasser nach und nach ab und steigern so die Luftfeuchtigkeit, kühlen aber auch die Umgebung (Verdunstungskälte).

127

Eine Vanda *trinkt*. Das Wasser aus dem Blumenröhrchen wird von der Wurzel aufgesaugt.

Tip 19: Nicht nur das Äthylengas von Obst schadet Orchideen, sondern auch **Rauchen.**

Tip 20: Perlite ist ein Harnstoff, der bei hohen Temperaturen aufgeschäumt wird und der wegen seiner so entstandenen Porösität eine Menge Wasser aufnehmen kann. Als Dränageschicht im Blumenübertopf oder einer Wanne bewährt Perlite sich bestens. Aber man sollte es nicht zwischen das Substrat mengen.

Tip 21: Orchideen duschen gerne. Wer seine Orchideen über Jahre auf der Fensterbank hat, kommt kaum umhin, sie einmal im Jahr zu duschen. Gerade die breiten Blätter von *Phalaenopsis* werden mit der Zeit tüchtig mit Staub bedeckt.

Wer seine Orchideen nicht duscht, sollte sie jedoch mit einem feuchten Tuch abputzen. Wenn man dann allerdings mit einem einzigen Tuch alle Orchideen abreibt, kann man alle möglichen Schädlinge und Krankheiten übertragen. Hygienischer sind Papiertücher, die bei jeder Pflanze ausgetauscht werden.

Tip 22: Sprechen Sie mit Ihren Orchideen? Ich schon, aber es ist mir immer etwas peinlich, wenn ich dabei erwischt werde. Es ist auch nicht wissenschaftlich belegt, daß die Orchideen dann besser wachsen und gedeihen, aber ich glaube schon, daß es irgendeinen Einfluß auf sie hat – vielleicht indirekt über die Stimmung, in der man sie behandelt. Nie würde ich einer Orchidee sagen, daß ich sie häßlich finde und mit ihr schimpfen, wenn sie nicht blüht. Ein paar „Streicheleinheiten" können dagegen nicht schaden.

Orchideennamen und ihre Etymologie

Die dem Laien manchmal schwer über die Zunge gehenden Orchideennamen stammen häufig aus dem Griechischen oder Lateinischen. Vielleicht hilft ja ihre etymologische (wortgeschichtliche) Herleitung, den einen oder anderen Namen besser zu behalten:

Ascocentrum
(griech.) askos = Sack, kentron = Sporn

Bifrenaria
(lat.) bi = zwei, frenum = Zügel

Calanthe
(griech.) kalos = schön, anthe = Blüte

Cattleya
– nach dem englischen Orchideen-liebhaber W. Cattley

Chysis
(griech.) chysis = Haufen

Coelogyne
(griech.) kolos = hohl, gyne = weiblich, Frau

Cymbidium
(griech.) kymbe = Schale, Kahn („Nachen")

Dendrobium
(griech.) dendron = Baum, bios = Leben

Doritis
(griech.) dory = Speer oder Doritis = ein Beiname von Aphrodite

Epidendrum
(griech.) epi = auf, dendron = Baum

Laelia
– altrömischer Frauenname (eine der vestalischen Jungfrauen)

Lycaste
– scheinbar nach der Tochter des Königs Priamos v. Troja, aber der Autor selber (Lindley) sagt, es sei „ein fantasievoller Name. Lycaste war eine schöne Frau".

Masdevallia
– nach dem spanischen Arzt und Botaniker José Masdevall am Hofe Karls III.

Maxillaria
(lat.) maxilla = Kiefer

Miltonia
– nach dem engl. Förderer des Gartenbaus und Orchideenliebhaber Earl Fitzwilliam, Viscount Milton of Wentworth House, Yorkshire (1786–1837)

Odontoglossum
(griech.) odous, odontos = Zahn, glossa = Zunge

Oncidium
(griech.) onkidion = kleine Masse

Paphiopedilum
(griech.) Paphia = Name für Aphrodite, Venus, (griech.) pedilon = Sandalette, Schuh

Phaius grandifolius
(griech.) phaios = braun, (lat.) grandifolius = Großblatt

Phalaenopsis
(griech.) phalaina = Motte, (griech.) opsis = Aussehen

Phragmipedium
(griech.) phragma = Zaun, Hecke, Scheidewand, pes = Fuß

Pleione
– nach der Mutter der Pleiaden in der griech. Mythologie

Sophronitis
(griech.) sophron = verständig, züchtig, keusch

Trichopilia
(griech.) tricho = Haar, pilos = Hut

Vanda
– Name dieser Pflanze aus dem Sanskrit

Vanilla
(span.) vainilla = kleine Schote

Zygopetalum
(griech.) zygon = Joch, petalon = Petale

Erläuterung einiger Fachbegriffe

Arthybride: s. Hybride.

Bastard: s. Hybride.

Bulben: knollenartige (zwiebelähnliche) Speicherorgane einer Pflanze, s. Pseudobulben.

Epiphyten: „Aufsitzerpflanzen" – Pflanzen, die auf anderen Pflanzen (meist auf der Rinde in der Baumkrone) wachsen; es sind keine Parasiten, weil sie diejenige Pflanze, die als Unterlage dient, nicht beeinträchtigen oder schädigen.

epiphytisch ist das entsprechende Eigenschaftswort – Gegensatz: terrestrisch.

Hybride: Mischlingspflanze, Bastard, Kreuzungsprodukt – aus verschiedenartigen Eltern entstandene Pflanze. **Arthybride:** Die beiden Eltern (Kreuzungspartner) gehören unterschiedlichen Arten an. **Gattungs- oder Mehrgattungshybride:** Die beiden Eltern gehören unterschiedlichen Gattungen an.

Hybridisation: Kreuzung. Kreuzungen werden durchgeführt, um mehrere günstige Eigenschaften zu kombinieren oder um erwünschte neue Eigenschaften dauerhaft herauszubilden.

Kreuzung: Vereinigung von Keimzellen mit stark unterschiedlichem Erbgut (mindestens über die Artgrenze hinweg), Hybridisation, Bastardierung; bei Pflanzen durch künstliche Bestäubung.

Lippe *(Labellum):* hinteres, auffällig gestaltetes Blütenblatt vom inneren Blütenblattkreis bei Orchideen.

lithophytisch: auf Gestein wachsend; vgl. epiphytisch und terrestrisch.

Mehrgattungshybride: Kreuzungsprodukt aus Partnern (Eltern) unterschiedlicher Gattungen (s. auch „Hybride").

monopodial: verstärktes Wachstum des Hauptsprosses – Gegensatz: sympodial.

Pseudobulben: Scheinbulben; fleischige Speicherorgane speziell bei Orchideen – im Text oft einfach „Bulben" genannt.

Rispe: Blütenstand (aus mehreren Einzelblüten), der als zusammengesetzte Traube ausgebildet ist, d. h., die Nebenachsen bilden ebenfalls Trauben.

Ruhezeit oder *-periode:* Zeit, in der die Pflanze kaum wächst oder das Leben fast völlig einstellt.

Spezies: Art (bei Pflanzen oder Tieren); beim wissenschaftlichen Namen mit zwei Begriffen bezeichnet (der zweite stets klein geschrieben), von denen der erste zugleich die Gattung bezeichnet, z. B. *Coelogyne cristata* – eine Art der Gattung *Coelogyne.*

Substrat: Unterlage, auch Nährmedium; das Material, in dem man die Orchidee wachsen läßt.

sympodial: verstärktes Wachstum der oberen Seitensprosse; Gegensatz: monopodial.

terrestrisch: auf der Erde, im Boden wachsend, im Gegensatz zu epiphytisch; vgl. auch lithophytisch.

Literatur

Wer sich über einen längeren Zeitraum mit Orchideen beschäftigt, der wird zwangsläufig anfangen, Bücher darüber zu lesen oder zumindest darin nachzuschlagen.

Im folgenden wird eine Auswahl an Büchern vorgestellt, die mir in der Praxis der Orchideenpflege und bei der Artbestimmung am hilfreichsten waren.

Bechtel/Cribb/Launert: Orchideenatlas. Ulmer: Stuttgart 1993 (3. Auflage).

Hatai Chitanondh: All Color Picture Book of Orchids. Vol.1. M.D. Bangkok. 1987.

Rainer Feldmann: Orchideen als Zimmerpflanzen. Ulmer: Stuttgart 1988.

Olaf Gruss, Manfred Wolff: Phalaenopsis. Ulmer: Stuttgart 1995.

Halina Heitz: Orchideen. So gedeihen und blühen sie am besten. GU Pflanzen-Ratgeber. Gräfe und Unzer: München 1990 (2. Auflage).

Rob Herwig: Zimmerpflanzen. Der vollständige Ratgeber für das Wohnen mit Grün. Deutscher Bücherbund: Stuttgart, München 1987.

Hans Mergner: Orchideenkunde. Orchideen im Zimmer und Kleingewächshaus. Paul Parey: Berlin, Hamburg.

Jörn Pinske: Orchideen für zu Hause. BLV Garten und Blumenpraxis. BLV: München 1994 (5. Auflage).

Wolf Prater: Orchideen für die Fensterbank. Franckh-Kosmos: Stuttgart 1992 (2. Auflage).

W. Rittershausen: Schritt für Schritt. Orchideen. Karl Müller: Erlangen 1993.

Lutz Röllke: Das praktische Orchideenbuch. Ulmer: Stuttgart 1993.

Wolfgang Rysy: Orchideen. Tropische Orchideen für Zimmer und Gewächshaus. BLV Gartenberater. BLV: München 1985 (3. Auflage).

David Sander: Orchideen und Orchideenpflege. Brücke: Hannover o.J.

Sybella Schelpe and Joyce Stewart: Dendrobiums. An introduction to the species in cultivation. Orchid Sundries Ltd. Dorset 1990.

Gustav Schoser: Orchideen. Lebensraum, Kultur, Anzucht und Pflege. Falken: Niedernhausen.

Karlheinz Senghas: Orchideen. Pflanzen der Extreme, Gegensätze und Superlative. Paul Parey: Berlin, Hamburg 1993.

F.S.. Shuttleworth, H.S. Zim, G. Dillon: Orchideen. Wildwachsende Arten aus aller Welt. Delphin: München 1973.

Walter T. Upton, Houghton: Dendrobium Orchids of Australia. Mifflin, Australia 1989.

Brian Williams: Orchideen. Die kultivierten Arten, ihre Haltung, Pflege und Vermehrung. Franckh-Kosmos: Stuttgart 1985 (2. Auflage).

Hingewiesen sei noch auf die **Zeitschrift „Die Orchidee"** der Deutschen Orchideengesellschaft, die alle zwei Monate ins Haus kommt – allerdings nur für Mitglieder (Adresse gegen Ende dieses Buches).

Hier gibt es wissenschaftliche Artikel, wobei einzelne Aufsätze auch für den Anfänger interessant sind, und jede Menge Angebote der einzelnen Orchideenzentren sowie die aktuellen Ausstellungstermine rund um die Orchideen in ganz Deutschland.

Die **Amerikanische Orchideengesellschaft** (American Orchid Society = AOS) umschließt in ihrem jährlichen Mitgliedsbeitrag von derzeit 36 $ (ca. 54 DM zu jetzigem Kurs) ebenfalls eine Orchideenzeitschrift ähnlichen Umfangs wie die der DOG. Diese wird per Luftpost (im Preis inbegriffen) monatlich(!) zugestellt.

Neu eingetretene Mitglieder erhalten von der AOS ein Orchideenbuch gratis und 10 % Rabatt auf ihre gesamte Literatur und Videofilme. Zahlung per Kreditkarte.

Hier die Adresse:

American Orchid Society,
6000 South Olive Avenue,
West Palm Beach, Florida 33405, USA;
Main Office: 0 01/4 07/5 85–06 54,
Book Department: 0 01/4 07/5 85–25 10

Internationale Bücher, also auch deutsche Fachliteratur zu Orchideen, sind in umfangreichem Maße auch erhältlich durch:

Koeltz Scientific Books
P.O.B. 13 60
61453 Königstein
Tel. 0 61 74/9 37 20
Diese wissenschaftliche Buchhandlung schickt auf Anfrage jedes Jahr einen Katalog über Orchideenbücher zu (etwa 100 Seiten!).

Orchideenliteratur gibt es auch über die Buchhandlung Ziegan:
Potsdamer Straße 180
10783 Berlin
Tel. 0 30/2 16 20 68, Fax: 0 30/2 16 20 01

Außerdem liefert Orchideenliteratur:

M & M Orchideen
M. Wolff
Bahnhofstraße 24 a
63533 Mainhausen-Zellhausen
Tel. + Fax 0 61 82/2 64 77

Selbstverständlich können Sie auch über jede Buchhandlung Orchideenliteratur beziehen.

Orchideenzentren und -gärtnereien

Die nun folgende Übersicht an Orchideenzentren und -gärtnereien sowie Bezugsquellen für Orchideenbedarf erhebt keinen Anspruch auf Vollstandigkeit. Sie soll dem Orchideenliebhaber einen Überblick verschaffen, wo er sich näher erkundigen oder von wo er in seiner Region Orchideen beziehen kann. Die Adressen wurden nach Postleitzahlen geordnet, so daß jeder Leser rasch die seinem Wohnort nächste „Anlaufstelle" herausfinden kann.

S. Petasch
Hainitzer Straße 22
02692 Obergurig
Tel. 03 59 38/5 02 72

R. Rockstroh
Bogenstraße 20
16831 Rheinsberg
Freilandorchideen
Tel. 03 39 31/26 93

Dieter Hars
Bundesstraße 99 a
21039 Escheburg
Tel. 0 41 52/29 63

Orchideen Rehbein
Curslacker Deich 270
21039 Hamburg
Tel. 0 40/7 23 36 43

Schomacker-Orchideen
Lerchenweg 6
21360 Vögelsen (bei Lüneburg)
Tel. 0 41 31/6 27 12, Fax: 0 51 09/6 41 85

Joachim Karge
Bahnhofstraße 24
21368 Dahlenburg
Tel. 0 58 51/2 66
Phalaenopsis, Cattleya, Vanda, Paphiopedilum, Miltonien und vieles mehr

Herbert Kasten
Gärtnerstraße 15
26871 Aschendorf, Stadt Papenburg
Tel. 0 49 61/7 51 94
Phalaenopsis (zahlreiche Hybriden, eigene Vermehrung aus Samen)

Wichmann Orchideen
Tannholzweg 1–3
29229 Celle
Tel. 0 51 41/3 50 11, Fax: 0 51 41/38 23 32
Großes Angebot an *Phalaenopsis, Cattleya* und Mehrgattungshybriden, Paphiopedilen, Cymbidien, Miltonien, *Odontoglossum* etc.

Andreas Stockelbusch
Wielohweg 9
30938 Fuhrberg
Tel. 0 51 35/3 39, Fax 0 51 35/3 48

Orchideen vom Deister
Flutstraße 2
30974 Wennigsen/OT Evestorf
Tel. 0 51 09/60 02

Wilhelm Hennis
Große Venedig 4
31134 Hildesheim
Tel. 0 51 21/3 56 77, Fax: 0 51 21/3 83 20
Naturformen

Reinhard Brockmüller
Feldstraße 9
31195 Rolfshagen

Günter Ludwig
Hainbuchenweg 2
31855 Aerzen
Tel. 0 51 54/16 73, Fax: 0 51 54/16 81
Naturformen

Klaus-Dieter Lohoff
Wiltriedstraße 39
33649 Bielefeld
Tel.+ Fax 05 21/45 05 56
Naturformen, Hybriden

Röllke Orchideenzucht
Flößweg 11
33758 Stukenbrock
Tel. 0 52 07/6 64 74, Fax: 0 52 07/66 97
Speziell auf Liebhaber eingerichtet (keine Massenproduktion); Naturformen, besonders auch Mini-Cattleyen und Mini-*Phalaenopsis*

Frank Kuhmichel,
Herrnberg Orchideen
35688 Dillenburg
Tel. 0 27 70/26 43

K.-O. Ulrich und K.-H. Härtl
Schlierbacher Straße 60
37235 Hessisch Lichtenau
Tel. 0 56 02/35 11, Fax
Freilandorchideen

Tonn Orchideen
37249 Neu-Eichenberg
Tel. 0 55 04/15 21, Fax 0 55 04/82 81

Günter Gottschalk
Fällerwasser 18
37581 Bad Gandersheim
Tel. 0 53 82/28 50

H. Popow
Sandkämperstr.1
38442 Wolfsburg (Fallersleben)
Tel. 0 53 62/6 24 61 und 33 14,
Fax: 0 53 62/6 39 72

Elisabeth Baumann
Beethovenstraße 202
46145 Oberhausen
Tel. 02 08/60 75 53, Fax 02 08/60 43 26

Hans Lucke
Bergschenweg 6
47506 Neukirchen-Vluyn, OT Niep
Tel. 0 28 45/2 86 12

Burkhard Holm
Behrnenweg 19
47546 Kalkar
Tel. 0 28 24/31 67

Madal Bal (Christian Denter)
Kesselfeld 12
48163 Münster
Tel. 0 25 01/5 93 88
Vandeen, Cattleyen,
mexikanische Arten u. a.

Willi Elsner
Königsberger Straße 9
48493 Wettringen/Westfalen
Tel. 0 25 57/3 28, Fax: 0 25 57/81 66

Fochem Tropical Orchids
Am Grünen Weg 13
50259 Pulheim-Dansweiler
Tel.+Fax 0 22 34/8 27 54
Naturformen

The Royal Orchid
(Kultur:)
Am Orchideengarten
53501 Grafschaft
Tel. 0 22 25/1 62 60
(Orchideengalerie:)
Königsallee WZ-Zenter, 40212 Düsseldorf
Tel. 02 11/32 48 66

Orchideen Koch
Lindenhof
57368 Lennestadt
Tel. 0 27 21/1 01 87

Schwerter Orchideenzucht
(Familie Schöttler)
Bergstraße 8
58239 Schwerte
Tel. 0 23 04/4 06 69
Phalaenopsis, aber auch große Auswahl
an Warmhausorchideen und Orchideen
anderer Temperaturbereiche

Franz Dinges
Zum Hainmüller
61440 Oberursel, Oberstedten
Tel. 0 25 57/3 62 77

M & M Orchideen
M. Wolff
Bahnhofstraße 24 a
63533 Mainhausen-Zellhausen
Tel. + Fax 0 61 82/2 64 77

Hubert Nothelfer
Speyerer Orchideenzucht
67346 Speyer
Tel. 0 62 32/7 58 80
Phalaenopsis, Paphiopedilum,
Oncidium, Odontoglossum, Cattleya

Uwe Bauer
Stammheimer Straße 105
70435 Stuttgart (Zuffenhausen)
Tel. 07 11/8 26 32 82, Fax: 07 11/8 26 22 89

Emil Münz
Postfach 15 23
Orchideenweg 38, Gottfried-Renn-Weg 4
71305 Waiblingen
Tel. 0 71 51/17 28-0, Fax: 0 71 51/17 28 88
Cattleya, Cymbidium, Phalaenopsis

E. u. R. Moser
Im Hauental 27
74921 Helmstadt-Flinsbach

Franz Glanz, Wössener Orchideen
Hauptstraße 28
83246 Unterwössen/Oberbayern,
Tel. 0 86 41/83 50, Fax: 0 86 41/86 27

Cramer-Orchideen
Zum Steiner 11–13
83489 Berchtesgaden-Strub
Tel. 0 86 52/29 82
Paphiopedilum, Phalaenopsis,
Odontoglossum, Cattleya

Ernst Zeller
Auerstraße 2
89287 Bellenberg
Tel. 0 73 06/51 77
Naturformen

Kenntner
Birkelweg 12
89555 Steinheim/Sontheim/St.
Tel. 0 73 29/55 88, Fax 0 73 29/15 76

Orchideen-Kopf
Hindenburgstraße 15
94469 Deggendorf
Tel. 09 91/68 18

Currlin
Welbhausen 30
97215 Uffenheim
Tel. 0 98 42/85 88

B. Wück u. G. Krönlein,
Eisenheimer Orchideen-Gärtnerei
Setzweg 4
97247 Eisenheim, OT Obereisenheim
Tel. 0 93 86/14 22

Kaiser-Orchideen
Am Stöcking
97453 Löffelsterz
Tel. 09 27/6 11

Noch ein Wort zum Thema
„Orchideen schicken lassen":

Viele Orchideengärtnereien versenden Orchideen. Ich selber habe des öfteren über verschiedenste Zentren bestellt und muß leider sagen, daß ich meistenteils sehr enttäuscht war.

Angefangen mit Pflanzen, die durch Schädlinge zerfressen waren; noch mit allen Schädlingen voll besetzt. Dann von Pilzen befallene Exemplare in durch den Transport zerschmetterten Tontöpfen.

Jungpflanzen, die so schwach waren, daß sie dahinvegetierten, bevor sie ganz eingingen. Antilopenorchideen, deren Petalen sich ausgerechnet an meinem Exemplar nicht drehten.

Diese Beispiele (andere mögen bessere Erfahrungen gemacht haben, vielleicht habe ich auch nur die falschen Lieferanten erwischt) veranlassen mich doch dazu, zu empfehlen, **Orchideen selber auszusuchen** und zu untersuchen, bevor man sie kauft. So hat man die Möglichkeit, sich die kräftigsten und schönsten Pflanzen herauszusuchen, die gerade für den Anfänger zur Kultur am besten geeignet sind. Das Schicken-lassen von Orchideen ist zudem ziemlich kostspielig, und für das Porto- und Verpackungsgeld bekommt man schon wiederum eine Orchidee zusätzlich.

Wer in bezug auf **Orchideen-Kulturbedarf und Schädlingsbekämpfungsmittel** vor Ort in den Blumengeschäften oder Gartenzentren nicht weiterkommt, kann all diese Dinge beziehen über:

Manfred Meyer, Eckenheimer Landstraße 334, 60435 Frankfurt/Main
Tel. 0 69/54 65 52, Fax: 0 69/5 48 37 98

Auch hier gibt man bereitwillig Auskunft und berät freundlichst zum Thema Schädlingsbekämpfung.

Zum Schluß noch die Anschrift der **D.O.G. Geschäftsstelle,** falls Sie Mitglied der DOG werden wollen oder nähere Informationen brauchen:
D.O.G.-Sekretariat
von-Möller-Straße 26 c
33649 Bielefeld
Tel. 05 21/44 13 84, Fax 05 21/44 13 23